재개발
재건축
조합운영과
조합임원

조합임원에 관한 핵심 현안사건 총망라

재개발 재건축 조합운영과 조합임원

★★★★★
2022년
최신개정판

문선희 · 이동철 변호사 지음

좋은땅

머리말

재개발·재건축과 관련된 소송은 법정에서 흔히 접할 수 있습니다. 정비사업의 경우 다수인의 이해관계가 복잡하게 얽혀 있고 각종 이권이 발생하는 사업 특성상 다툼이 많을 수밖에 없기 때문입니다. 물론 그 덕에 정비사업 현장에서는 수많은 사례가 쌓이고, 정비사업의 노하우가 형성되었으며, 최근에는 추진위원회나 조합이 예전에 비해 투명해지고 업무능력도 상당히 높아졌습니다.

그럼에도 불구하고 정비사업과 관련한 소송은 조합의 사업을 지연시키고 사업비의 증가를 유발해 사업성을 저하시키는 주된 요인으로 손꼽힙니다.

도시정비법과 관련한 분쟁 중 상당 부분은 임원과 관련한 분쟁들입니다. 아무래도 임원은 조합이라는 거대한 사업을 선두에서 이끌어나가는 선장과 같고, 사업과 관련하여 막대한 권한을 가지는 등 그 지위와 역할이 중요하기 때문입니다.

이에 이 책에서는 조합임원과 관련하여 최대한 많은 분쟁 사례와 판결을 보여 주는 것을 목표로 했습니다. 물론 간혹 어려운 개념이 있을 것입니다. 그러나 이는 조합 운영과 관련한 필요 최소한의 개념이라고 생각했기에 삭제하지 않았습니다.

지금도 보이지 않은 곳에서 묵묵히 자신들의 일을 수행하고 있는 조합임원들과 조합 관계자들이 있기에 앞으로는 정비사업이 훨씬 더 투명하고 깨끗하게 진행될 수 있으리라 믿으며, 졸저(拙著)임에도 조합을 운영하면서 발생하는 법률 문제에 조금이라도 도움이 되기를 바랍니다.

목차

chapter 2.
조합임원의 선임과 연임

chapter 3.
조합임원의 사임, 퇴임 및 해임

chapter 4.
조합 운영상의 법률 문제

chapter 5.
조합임원과 형사처벌의 문제

◆ 일러두기 ◆

1. 본 책에서 '도시 및 주거환경정비법'은 '법' 또는 '도시정비법'이라 칭함

2. 본 책에서 인용한 '도시 및 주거환경정비법'은 책 개정판 저술 시점 기준으로 시행 중인 '도
   시 및 주거환경정비법[시행 2022. 2. 3.] [법률 제18830호, 2022. 3., 일부개정]'을 기준
   으로 함.

재개발 · 재건축과 조합임원

재개발·재건축과 도시정비법

1. 정비사업이란?

우리는 사회·경제·정치 활동의 중심이 되고 인구가 밀집해 있는 지역을 도시라고 부른다. 이러한 도시에는 시민이라는 인적 구성요소 외에도 건축시설·교통시설과 같은 물적 요소가 존재한다. 그러다 보니 시간이 지남에 따라 건축물과 같은 물적 인프라들이 노후화되면 도시는 전반적으로 그 기능이 쇠퇴하게 된다. 이 때 도시의 물적 시설을 재정비하여 도시경쟁력을 회복하고 시민의 주거 환경을 개선하기 위하여, 오래된 집을 허물고 새로운 아파트를 짓거나 도로 상하수도 시설 등을 확충하기 위한 사업이 이루어지게 되는데, 이를 '정비사업'이라고 한다.

즉 정비사업은 도시기능을 회복시키기 위한 목적으로 기반시설을 정비하거나, 주택 등 건축물을 개량·건설하는 사업으로[1] 도시정비법에 따라 규율된다. 대표적으로 재개발사업, 재건축사업이 있다. 재개발사업은 정비기반시설이 열악하고 노후·불량건축물이 과도하게 밀집한 지역에서 주거환경을 개선하거나 상업지역·공업지역 등에서 도시기능을 회복하거나 상권을 활성화하기 위하여 도시환경을 개선하기 위한 사업을 말하고, 재건축사업은 정비기반시설을 양호하나 노후·불량건축물에 해당하는 공동주택이 밀집한 지역에서 주거환경을 개선하기 위한 사업을 말한다. 재건축 사업은 비교적 정비기반시설이 양호한 지역을 대상으로 한다는 점과 상업·공업지역을 제외한 주거지역만을 대상으로 한다는 점에서 재개발 사업과 구분된다.

2. 도시정비법 제정 이유

우리나라는 1970년대 이후 산업화·도시화 과정에서 주택이 대량 공급되었는데, 이들이 노후화됨에 따라 체계적이고 효율적으로 정비할 필요성이 커졌다. 그러나 당시 재개발, 재건축사업, 주거환경개선사업이 '노후불량 주택개선'이라는 동일한 목적에도 불구하고 각 개별법의 적용을 받고 있어서 정책의 일관성이 결여되었다. 특히 주택건설촉진법의

---

[1]   법 제2조 제2호

적용을 받던 재건축사업은 다른 정비사업에 비해 재산가치의 증식을 위한 사업이라는 인식이 강했는데, 이 때문에 사업의 대상이 되는 아파트 단지의 개별적 문제로만 인식되고 통일성 없이 산발적으로 이루어지기도 했고, 사적자치 원칙에 따라 사업이 진행되다 보니 각종 이권을 둘러싼 분쟁도 많았다. 이처럼 정비사업이 그 목적의 동일성에도 불구하고 사업 간에 종합적이고 체계적인 계획 없이 추진되어 난개발 내지 불안정한 사업 추진 등의 문제가 발생하자, 도시계획 차원에서 일관성 있고 체계적인 관리가 필요했고, 이에 정비사업을 통일적으로 규율할 목적으로 단일법인 도시정비법이 제정되었다.

도시정비법에 따른 조합임원은 누구인가

1. 조합임원에 관한 도시정비법 규정

■ 도시정비법

제41조(조합의 임원)

① 조합은 다음 각 호의 어느 하나의 요건을 갖춘 조합장 1명과 이사, 감사를 임원으로 둔다. 이 경우 조합장은 선임일부터 제74조제1항에 따른 관리처분계획인가를 받을 때까지는 해당 정비구역에서 거주(영업을 하는 자의 경우 영업을 말한다. 이하 이 조 및 제43조에서 같다)하여야 한다.

1. 정비구역에서 거주하고 있는 자로서 선임일 직전 3년 동안 정비구역 내 거주 기간이 1년 이상일 것

2. 정비구역에 위치한 건축물 또는 토지(재건축사업의 경우에는 건축물과 그 부속 토지를 말한다)를 5년 이상 소유하고 있을 것

② 조합의 이사와 감사의 수는 대통령령으로 정하는 범위에서 정관으로 정한다.

③ 조합은 총회 의결을 거쳐 조합임원의 선출에 관한 선거관리를 「선거관리위원회법」 제3조에 따라 선거관리위원회에 위탁할 수 있다.

④ 조합임원의 임기는 3년 이하의 범위에서 정관으로 정하되, 연임할 수 있다.

⑤ 조합임원의 선출방법 등은 정관으로 정한다. 다만, 시장·군수등은 다음 각 호의 어느 하나에 해당하는 경우 시·도조례로 정하는 바에 따라 변호사·회계사·기술사 등으로서 대통령령으로 정하는 요건을 갖춘 자를 전문조합관리인으로 선정하여 조합임원의 업무를 대행하게 할 수 있다.

    1. 조합임원이 사임, 해임, 임기만료, 그 밖에 불가피한 사유 등으로 직무를 수행할 수 없는 때부터 6개월 이상 선임되지 아니한 경우

    2. 총회에서 조합원 과반수의 출석과 출석 조합원 과반수의 동의로 전문조합관리인의 선정을 요청하는 경우

⑥ 제5항에 따른 전문조합관리인의 선정절차, 업무집행 등에 필요한 사항은 대통령령으로 정한다.

제42조(조합임원의 직무 등)

① 조합장은 조합을 대표하고, 그 사무를 총괄하며, 총회 또는 제46조에 따른 대의원회의 의장이 된다.

② 제1항에 따라 조합장이 대의원회의 의장이 되는 경우에는 대의원으로 본다.

③ 조합장 또는 이사가 자기를 위하여 조합과 계약이나 소송을 할 때에는 감사가 조합을 대표한다.

④ 조합임원은 같은 목적의 정비사업을 하는 다른 조합의 임원 또는 직원을 겸할 수 없다.

제43조(조합임원 등의 결격사유 및 해임)

① 다음 각 호의 어느 하나에 해당하는 자는 조합임원 또는 전문조합관리인이 될 수 없다.

    1. 미성년자·피성년후견인 또는 피한정후견인

    2. 파산선고를 받고 복권되지 아니한 자

    3. 금고 이상의 실형을 선고받고 그 집행이 종료(종료된 것으로 보는 경우를 포함한다)되거나 집행이 면제된 날부터 2년이 지나지 아니한 자

    4. 금고 이상의 형의 집행유예를 받고 그 유예기간 중에 있는 자

    5. 이 법을 위반하여 벌금 100만원 이상의 형을 선고받고 10년이 지나지 아니한 자

② 조합임원이 다음 각 호의 어느 하나에 해당하는 경우에는 당연 퇴임한다.

1. 제1항 각 호의 어느 하나에 해당하게 되거나 선임 당시 그에 해당하는 자이었음 이 밝혀진 경우

2. 조합임원이 제41조제1항에 따른 자격요건을 갖추지 못한 경우

③ 제2항에 따라 퇴임된 임원이 퇴임 전에 관여한 행위는 그 효력을 잃지 아니한다.

④ 조합임원은 제44조제2항에도 불구하고 조합원 10분의 1 이상의 요구로 소집된 총회에서 조합원 과반수의 출석과 출석 조합원 과반수의 동의를 받아 해임할 수 있다. 이 경우 요구자 대표로 선출된 자가 해임 총회의 소집 및 진행을 할 때에는 조합장의 권한을 대행한다.

⑤ 제41조제5항제2호에 따라 시장·군수등이 전문조합관리인을 선정한 경우 전문조합관리인이 업무를 대행할 임원은 당연 퇴임한다.

■ 도시정비법 시행령

제40조(조합임원의 수) 법 제41조제1항에 따라 조합에 두는 이사의 수는 3명 이상으로 하고, 감사의 수는 1명 이상 3명 이하로 한다. 다만, 토지등소유자의 수가 100인을 초과하는 경우에는 이사의 수를 5명 이상으로 한다.

2. 도시정비법상 조합임원

도시정비법에 따른 조합임원은 조합장, 이사, 감사이다.[2] 조합은 법률상 법인으로 권리·의무의 주체가 될 수는 있으나 자연인처럼 활동할 수

---

[2]   법 제41조 제1항

는 없다. 때문에 조합은 조합 운영에 관한 업무를 조합임원에게 위임하고, 임원이 사실상 조합업무를 처리하게 된다.

한편 조합에는 대의원이라는 직책도 존재하는데, 대의원은 조합의 의결기구인 대의원회의 구성원으로 조합임원에 해당하지 않으며, 조합장이 아닌 조합임원은 대의원이 될 수 없다.[3]

3. 조합임원의 수와 임기

조합임원은 조합장 1명, 이사 3명 이상(토지등소유자의 수가 100명을 초과하는 경우에는 이사의 수 5명 이상), 감사 1명 이상 3명 이하의 범위에서 정관으로 정할 수 있다.[4] 조합임원의 임기는 3년 이하의 범위에서 정관으로 정하되, 연임할 수 있다.[5]

4. 조합임원 권한과 직무

(1) 조합장

---

3)   법 제46조 제3항
4)   법 제41조 제2항, 시행령 제40조
5)   법 제41조 제4항

조합장은 조합원들로부터 위임된 업무를 집행하는 상설적 필요기관
이다. 외부적으로 조합을 대표하여 각종 계약을 체결하고, 내부적으로
는 총회 또는 대의원회의 의장이 된다. 다만, 도시정비법은 예산으로 정
한 사항 외에 조합원에게 부담이 될 계약을 체결하거나, 자금의 차입, 시
공자·설계자 또는 감정평가업자의 선정 등 조합원의 권리·의무에 중대
한 영향을 미치는 사항을 결정할 때는 총회의 결의를 거치도록 규정함
으로써, 사실상 조합장의 대표권을 상당부분 제한하고 있다.

또한 조합은 법에 규정된 사항이 아니더라도 정관이나 총회 결의를
통해 조합장의 권한을 제한할 수 있으나, 정관상 조합장의 권한을 제한
하더라도 이를 등기하지 않으면 계약의 상대방인 제3자에게 대항할 수
없다.[6]

(2) 이사

이사는 이사회의 구성원으로서, 조합장을 보좌하고 이사회에 부의된
사항을 심의·의결한다. 이사회의 업무 내용은 정관에 의해 정해지는데,
표준정관에 따른 이사회의 업무는 다음과 같다.

① 조합의 예산 및 통상업무의 집행에 관한 사항

② 총회 및 대의원회의 상정안건의 심의·결정에 관한 사항

③ 업무규정 등 조합 내부규정의 제정 및 개정안 작성에 관한 사항

---

6) 대법원 2014. 9. 4. 선고 2011다51540 판결

④ 그 밖에 조합의 운영 및 사업시행에 관하여 필요한 사항을 집행

(3) 감사

감사는 법인의 재산상황, 이사의 업무집행의 상황을 감사하고 부정·불비한 것을 발견하면 이를 총회 또는 주무관청에 보고한다.[7] 그리고 감사는 이사회에서 의결권을 가지지는 않으나 이사회에 출석하여 의견을 진술할 수 있고, 조합장 또는 이사가 자기를 위한 조합과의 계약을 체결하거나 소송의 당사자가 되었을 경우 조합을 대표한다. 감사의 구체적 업무 내용은 정관에 의해 정해지는데, 표준정관에 규정된 감사의 주요 업무는 다음과 같다.

① 조합의 사무 및 재산 상태와 회계에 관하여 감사, 정기 총회에 감사 결과 보고서 제출, 일정 수 이상의 조합원의 요청이 있을 때에는 공인회계사에게 회계감사를 의뢰하여 공인회계사가 작성한 감사보고서를 총회 또는 대의원회에 제출

② 조합의 재산관리 또는 조합의 업무집행이 공정하지 못하거나 부정이 있음을 발견하였을 때 대의원회 또는 총회에 보고

③ 특정 임원의 직무위배행위로 인해 감사가 필요한 경우 조합임원 또는 외부전문가로 구성된 감사위원회의 구성

---

7)　법 제49조, 민법 제67조

5. 조합임원의 선량한 관리자의 주의의무

조합임원과 조합과의 관계는 위임과 유사하다. 따라서 조합임원은 선량한 관리자의 주의로 직무를 수행하여야 한다.[8] 여기서 선량한 관리자의 주의의무는 보통의 주의력을 가진 행위자가 구체적인 상황에서 통상가져야 할 주의의 정도를 말한다. 만약 조합임원이 위 의무를 위반하여조합에 손해를 준 때에는 그 배상책임을 질 수 있다.

한편 법인의 임원이 법령해석을 잘못한 감독관청의 명령에 따른 것이선량한 관리자의 주의의무를 위반한 것인지 문제된 사안에서, 대법원은"관할관청의 지휘감독을 받는 법인의 임원들은 감독관청의 법률해석을신뢰하여 그 명령에 따를 수밖에 없을 것이고, 설사 감독관청의 법률해석이 틀린 것이라 하더라도 그 명령을 거부하거나 적법한 행위로 바꾸어 시행한다는 것은 보통의 주의력을 가진 법인의 임원에게는 기대하기어려운 일이라고 할 것이므로, 위 임원들이 법률해석을 잘못한 감독관청의 명령을 따른 데에 선량한 관리자의 주의의무를 위반한 잘못이 있다고 보기 어렵다"고 판단하였다.[9]

---

8) 민법 제61조
9) 대법원 1986. 3. 26. 선고 84다카1923 판결

6. 전문조합관리인 선임제도의 도입

 도시정비법은 정비사업의 투명한 업무 추진을 위하여 2016년경 전문
조합관리인 제도를 도입했다. 전문조합관리인은 기업의 전문경영인 정
도로 생각하면 된다. 도시정비법은 전문조합관리인의 선정 요건에 대해
규정하는데 이에 따르면, ① 조합임원이 사임, 해임, 임기만료 등 불가피
한 사유 등으로 직무를 수행할 수 없음에도 6개월 이상 선임되지 아니한
경우 또는 ② 총회에서 조합원 과반수의 출석과 출석 조합원 과반수의
동의로 전문조합관리인의 선정을 요청하는 경우 시장·군수 등은 시·도
조례로 정하는 바에 따라 전문조합관리인을 선정할 수 있다. 이 때 조합
원 3분의 1 이상이 전문조합관리인의 선정을 요청하면 조합 또는 추진
위원회의 의견을 들어 '공개모집'을 통하여 전문조합관리인을 선정할 수
있다.

 한편 전문조합관리인은 조합의 임원의 역할을 대신하여야 하므로, 정
비사업에 일정한 경력이 요구된다. 따라서 전문조합관리인이 되고자 하
는 자는 『① 정비사업 관련 업무에 5년 이상 종사한 경력이 있는 변호사,
공인회계사, 법무사, 세무사, 건축사, 도시계획·건축분야의 기술사, 감
정평가사, 행정사 ② 조합임원으로 5년 이상 종사한 사람 ③ 공무원 또
는 공공기관의 임직원으로 정비사업 관련 업무에 5년 이상 종사한 사람
④ 정비사업전문관리업자에 소속되어 정비사업 관련 업무에 10년 이상
종사한 사람 ⑤ 「건설산업기본법」 제2조제7호에 따른 건설업자에 소속

되어 정비사업 관련 업무에 10년 이상 종사한 사람 ⑥ 위 경력을 합하여 경력이 5년 이상인 사람[10]』 중 어느 하나의 요건에 해당하여야 한다. 선정된 전문조합관리인은 임기를 3년으로 하고, 선임 후 6개월 이내에 관련 교육을 60시간 이상 받아야 한다.[11]

7. 조합임원의 등기

조합임원의 성명과 주소는 등기사항이다.[12] 따라서 조합임원의 선임·해임·퇴임되었음에도 이를 등기하지 않은 때에는 제3자에게 대항할 수 없다. 조합임원이 임기만료와 동시에 다시 임원으로 선임된 경우에도, 이는 임원의 임기가 연장되는 것이 아니라 임원의 지위가 새로 시작되는 것이므로, 임원변경(연임)등기를 하여야 한다.

---

10) 도시정비법 시행령 제41조 제1항 제6호는 동조 제1항 제1호부터 제5호까지의 경력을 합산한 경력이 5년 이상인 사람을 규정하고, 이 경우 같은 시기의 경력은 중복하여 계산하지 않고 시행령 제41조 제1항 제4호 및 제5호의 경력은 2분의 1만 포함하여 계산한다.

11) 예외적으로 선임 전 최근 3년 이내에 해당 교육을 60시간 이상 받은 경우에는 제외된다.

12) 시행령 36조 제5호

다른 조합의 임원인 자가
조합장으로 선출될 수 있을까

1. 쟁점

도시정비법 제42조 제4항은 '조합임원은 같은 목적의 정비사업을 하는 다른 조합의 임원 또는 직원을 겸할 수 없다'고 규정하여 조합임원에게 겸직금지의무를 부과한다. 이는 조합임원에게 조합의 업무에 전념하게 하여, 혹시나 발생할 수 있는 이해충돌 상황을 사전에 피하기 위한 것이다.

그런데 도시정비법은 임원의 겸직금지의무만 규정하고 있을 뿐 이를 위반했을 때 법적 효과에 대해서는 별도의 규정을 두고 있지 않다. 때문에 겸직금지의무를 위반한 자가 조합임원 선거에 출마한 경우 후보자로서 자격이 인정되는지, 조합임원에 선출되었을 때 조합임원으로서 자격이 박탈되는지 문제된다.

2. 관련 사례[13]

(1) 기초사실

甲은 A조합의 이사로 재직 중, B조합의 조합장으로 선출되기 위하여 B조합에 조합장 후보자로 등록하였다. 이후 甲은 B조합의 임원선출총회 개최 전날 A조합에 이사에서 사임한다는 내용의 사임서를 제출하였고, 임원선출총회에서 B조합의 조합장으로 선출되었다. 이에 B조합의 일부 조합원들은 "甲이 도시정비법상 겸직금지의무를 위반하여 피선거권이 없고, 그에 따라 조합장 지위에 있지 않다"고 주장하였다.

(2) 후보등록 시점까지 겸직 상태를 해소하지 못하면 피선출자격이 제한되는지 여부

도시정비법 제42조 제4항은 조합임원이 다른 조합의 임원을 겸할 수 없다고 규정한다. 그런데 '겸할 수 없다'는 문언 자체로도 도시정비법이 금지하는 내용은 한 사람이 두 조합의 임원 지위에 있는 것이다. 그런데 甲은 A조합의 이사 지위를 상실한 다음에 B조합의 조합장 지위를 취득

---

13)   서울서부지방법원 2019. 2. 21. 선고 2018가합38355 판결

하였으므로 두 조합의 임원 지위에 동시에 있었던 적은 없고, 도시정비법이 정하는 겸직금지의무를 위반하였다고 보기 어렵다.

또한 도시정비법은 어느 조합의 임원 지위에 있는 사람이 다른 조합의 임원이 되려는 경우 그 임원선거의 후보등록 시점까지 기존 임원 지위를 해소해야 한다고 규정하고 있지는 않다. 이러한 겸직금지의무는 한 사람이 두 조합의 임원으로 재직하는 경우 동일한 사업 목적을 갖는 다른 조합의 사무를 처리하는 과정에서 발생할 수 있는 이익충돌을 회피하고 조합에 대한 충실의무를 확보하기 위한 것으로, 만약 겸직이 발생하였다면 신속히 겸직 상태를 해소할 의무를 부담하지만, 아직 겸직이 발생하지 않은 상태임에도 다른 조합의 임원 후보등록 시점까지 기존 조합의 임원 지위를 해소할 의무까지 부담한다고 보기는 어렵다. 따라서 후보자가 후보자등록 시점까지 겸직 상태를 해소하지 못하여 도시정비법상 겸직금지의무를 위반하였더라도 조합임원으로서 피선출자격이 제한되지 않는다.

(3) 겸직금지의무를 위반한 자가 당선된 경우 당선 무효인지 여부

조합임원이 겸직금지의무를 위반하였다고 하더라도, 조합임원에게는 조속한 시일 내에 겸직 상태를 해소할 의무만이 인정될 뿐이다.[14] 즉 조합임원의 겸직금지의무는 그 자체로 강행성이 인정되는 것이 아니고,

---

14) 서울서부지방법원 2019. 2. 21. 선고 2018가합38355 판결

위반 시 임원 자격의 결격사유가 된다거나 당선 자체가 무효가 된다고는 볼 수 없다. 다만 조합임원이 겸직을 해소하지 않음으로써 조합에 충실한 업무이행을 담보할 수 없는 경우라면, 조합임원의 겸직금지의무위반은 해임사유가 될 수 있고, 그로 인해 조합이 손해를 입었다면 조합은 이에 대한 손해배상책임을 청구할 수 있을 것이다.[15]

(4) 검토

조합원은 조합임원 선거에 입후보하여 당선될 수 있는 피선출권을 가지므로, 조합원들의 피선출권을 제한할 수 있는 규범의 내용은 선거의 공정성 내지 조합의 권익을 중대하게 해칠 염려가 있는 것인지 고려하여 엄격하게 해석, 적용하여야 한다. 따라서 선거에 적용되는 당시의 관계 법령이나 조합의 내부 준칙 등에서 후보자등록 시점까지 다른 조합의 임원 지위를 해소할 것을 요구하거나 그러하지 아니한 경우 피선거권 내지 임원자격을 인정하지 않는다는 규정을 두고 있지 않은 이상, 피선거권이 흠결된 상태였다거나 임원자격이 박탈된다고 보기 어렵다.

---

15) 서울중앙지방법원 2007. 6. 21. 선고 2006가합74728 판결

변경등기가 경료되지 않은 조합장의 대표권이 인정될까

1. 쟁점

임원의 임기가 만료되면 조합은 총회를 개최하여 새로운 임원을 선출한다. 임원이 선출되면 조합은 관할 관청으로부터 임원 변경 인가를 받아, 법인등기부상 임원변경등기를 경료해야 한다. 그렇다면 조합장의 임기가 시작되는 시점은 언제일까? 조합이 행정청으로부터 임원 변경 인가를 받지 못하거나 변경등기를 경료하지 못한 경우에도 조합장은 조합의 대표자로서 적법하게 업무를 수행할 수 있을까?

만약 조합장이 임기가 시작되지 않은 시점에서 업무를 수행한다면 그 행위는 대표권 없는 자에 의한 행위로 부적법해질 수 있다. 따라서 도시정비법상 임원의 효력발생시점(임기의 기산점)에 관한 문제는 결국 조합장의 대표권 문제로 이어지게 된다. 이에, 아래에서는 임원선출의 효력발생 시점이 언제인지 살펴보도록 한다.

2. 임원의 효력발생시기

(1) 전임 임원의 임기가 만료된 후 총회에서 새롭게 선출된 임원의 임기 기산점

도시정비법은 임원의 임기를 3년 이하의 범위에서 정관으로 정할 수 있다고 규정하면서, 임원선임의 효력발생시기에 대해서는 구체적인 규정을 두고 있지 않다. 그런데 임원은 선출 후 행정청으로부터 변경 인가를 받아 법인등기부상 임원변경등기를 경료 해야만 하므로 그 효력 발생시점이 언제인지 문제될 수 있다.

이에 관해 법원은 임원 변경으로 인한 조합설립변경인가·신고 여부는 공법상 관계에서만 문제될 뿐이고, 조합과 조합원들 사이의 내부적인 사법관계에는 영향이 없다고 본다.[16] 또한 도시정비법이 준용하는 민법에 따르면 임원변경등기는 대항 요건에 불과하다고 규정하는데,[17] 여기서 대항요건이란 이미 조합과 임원 간에 효력이 발생한 법률관계를 제3자에게 주장할 때 필요한 요건을 말한다.

---

16)   서울고등법원 2011. 11. 10. 선고 2011누23865 판결
17)   민법 제54조 제1항

따라서 전임 임원의 임기가 만료된 후 총회에서 새롭게 선출된 조합임원은 행정청으로부터 인가를 득하지 아니하거나 변경등기가 이루어지지 않더라도 총회에서 선출결의가 이루어진 때부터 임기가 시작되고, 조합장은 총회의결시부터 조합의 적법한 대표권자로서 행위할 수 있다.

(2) 창립총회에서 선출된 조합임원의 임기 기산점

토지등소유자들은 추진위원회 단계에서 조합설립을 위한 창립총회를 개최하여 조합임원을 선출하는데, 이때 선출된 임원은 조합이 설립등기를 경료하여 법인격을 부여받으면 임원의 자격이 인정된다. 왜냐하면 조합임원이란 기본적으로 조합의 설립을 전제로 한 개념인데, 창립총회는 조합이 설립되기 전에 개최되는 주민총회에 해당하기 때문이다. 따라서 창립총회에서 선임된 임원의 임기 기산점은 '창립총회 결의 시'가 아니라 '조합설립등기를 한 때'이다.[18]

(3) 전임 임원의 임기가 만료되기 전 총회에서 선출된 임원의 임기 기산점, 연임된 임원의 임기 기산점

전임 임원의 임기가 만료되기 전에 총회에서 임원이 선출된 경우, 새롭게 선출된 조합임원의 임기는 총회에서 임원의 선임 또는 연임을 결

---

18) 서울동부지방법원 2011. 8. 26. 선고 2010가합4910 판결

의한 때가 아니라 종전 임기 만료일 다음날부터 기산된다. 즉 총회 일부터 종전 임원 임기 만료일까지는 당선자의 지위를 가질 뿐이다.

연대보증계약 체결한 조합임원
책임은 어디까지인가

1. 쟁점

조합은 사업초기 자금조달이 어렵기 때문에, 선정된 시공자로부터 자금을 대여받아 이를 사업비·운영비로 사용하게 된다. 그런데 이 경우 시공자는 채권 회수를 담보하기 위해 금전소비대차계약서에 '계약의 이행을 보증하기 위하여 조합임원 전원을 연대보증인으로 하고, 연대보증인은 조합의 계약의무 불이행에 따른 채무에 대하여 연대하여 책임을 진다'는 문구를 추가하여 조합임원들과 연대보증계약을 체결하기도 한다.

이때 사업이 잘 마무리되고 수익이 발생하면 조합이 시공자에게 빌린 대금을 갚을 수 있기 때문에 별다른 다툼이 발생하지 않는다. 그런데 시공자의 불성실한 업무수행 내지 채무불이행으로 사업이 마무리되기 전에 공사도급계약이 해제된다면 어떻게 될까? 연대보증인인 조합임원은 조합이 빌린 대금을 갚아야 하는 것일까? 만약 가까운 시일 내 새로운 시공자가 선정되면, 조합이 변경된 시공자로부터 자금을 조달받아 기존 시공자에게 대금을 상환하는 방식으로 문제를 해결하면 된다. 그런데 새로운 시공자의 선정이 어려워 계약해제에도 불구하고 상당기간 대여금을 반환하지 못하는 경우가 있다. 이 경우 조합임원들의 보증 책임이 어디까지 인정될 것인지 문제된다.

2. 조합의 귀책사유가 아닌 사유로 공사도급계약이 합의해제 또는 약정해제되는 경우 조합임원의 연대보증 책임 성립 여부

(1) 1심 법원의 판단

금전소비대차계약서에 '연대보증인은 조합의 계약의무 불이행에 따른 채무에 대하여 연대하여 책임을 진다'고 규정하는데, 여기서 '계약의무 불이행에 따른 채무'에는 계약해제로 인한 원상회복채무 또는 손해배상채무에 대한 보증 채무도 포함된다. 또한 연대보증인이 책임을 지는 경우를 주채무자에게 귀책사유가 있는 때로 한정할 수 없으므로, 공사도급계약이 합의해제되었다면 연대보증인인 조합임원은 대여금 반환

의무가 있다.[19]

(2) 항소심 법원 및 대법원의 판단

항소심 법원은 아래와 같은 이유로 조합임원들이 부담하여야 할 보증
채무인 '계약의무의 불이행에 따른 채무'에는 계약의 합의해제로 인한
원상회복의무는 포함되지 않는다고 보았다.

① 보증채무는 주채무의 이행을 담보하는 것을 목적으로 하기 때문에
그 담보의 대상인 주채무가 무효이거나 취소되면 보증채무도 무효
로 되고, 주채무가 계약해제로 인해 소멸하는 때에는 보증채무도
당연히 소멸한다.

② 연대보증을 한 이유는 조합이 계약상 의무를 이행하는 것을 간접
적으로 강제하기 위함이고, 연대보증책임의 궁극적 내용은 조합이
계약상 의무를 이행하지 않음으로써 채권자에 대하여 부담하게 되
는 손해배상책임 등 각종 의무를 연대보증인인 조합임원들이 연대
하여 부담하는 것이므로, '계약상 의무의 불이행' 또는 '채무의 불이
행'이라는 것은 일방 당사자의 고의, 과실이라는 귀책사유를 전제
로 하는 것이고, 조합의 귀책사유가 아닌 사유로 합의해제, 용역업
체의 채무불이행 등으로 약정해제되는 경우에는 조합임원들이 부
담하여야 할 보증채무인 '계약의무의 불이행에 따른 채무'에는 계

---

19) 대구지방법원 2011. 7. 22. 선고 2010가합9089 판결

약의 합의해제로 인한 원상회복의무는 포함되지 않는다.[20]

대법원도 항소심과 동일한 취지로 판단하였다.[21]

(3) 검토

즉 위 항소심 법원 및 대법원 판결에 따르면 조합과 시공자 사이의 공사도급계약이 합의 해제되거나 시공자의 귀책사유로 해제되면 금전소비대차계약도 소멸되므로, 연대보증인인 임원들은 계약 해제로 인한 원상회복의무를 부담할 필요는 없다. 다만 유의할 점은, 위 판례는 공사도급계약이 합의해제되거나 시공사의 귀책사유로 인해 약정해제되는 경우를 전제하므로, 조합의 귀책사유로 공사도급계약이 해제되는 경우에도 적용될 수는 없고, 그 경우에는 조합임원은 연대보증인으로서 대여금반환등의 원상회복책임이 인정될 수 있다.

---

20) 대구고등법원 2012. 4. 20. 선고 2011나4859 판결
21) 대법원 2012. 9. 27. 선고 2012다45795 판결

직무대행자의 권한 범위

1. 쟁점

조합장은 외부적으로 조합을 대표하여 각종 계약을 체결하고, 내부적으로는 조합원들로부터 위임된 업무를 집행하는 상설기관이다. 그런데 조합장이 유고, 사임 등의 이유로 업무를 수행할 수 없는 경우가 있는데, 이러한 상황이 장기간 방치되면 기관에 의해 행위할 수밖에 없는 조합으로서는 사업 자체가 중단될 수 있다. 때문에, 대부분의 조합은 업무 공백을 방지하기 위해 조합정관에 "조합장이 유고 등으로 인하여 그 직무를 수행할 수 없는 경우 이사 중에서 연장자 순으로 조합을 대표한다"는 규정을 두어 직무대행자를 지정해 둔다. 즉 이사로 하여금 업무를 대신 수행하도록 하거나 이마저도 여의치 않을 때에는 법원에 직무대행자의 선임을 요청하기도 한다.

문제는 도시정비법이 직무대행자의 권한 범위를 규정하고 있지 않은 상황에서, 선임된 직무대행자에게 권한 범위를 어디까지 인정할 것인가이다. 비상적·임시적 지위만이 인정되는 직무대행자에게 조합장에게만 인정되는 총회소집권 내지 계약을 체결할 권한 등을 모두 인정할 수 있을까? 특히 법원에 선임된 직무대행자의 경우 조합의 사정을 제대로 알지 못하는 외부인에 불과하다는 점에서 더욱 논란의 여지가 있다. 이에 아래에서는 직무대행자의 권한 범위에 대해 살펴보도록 한다.

2. 법원의 가처분 결정에 의하여 선임된 직무대행자의 권한 범위

(1) 종전 조합장의 권한 범위와 동일하다는 견해[22]

가처분을 결정한 법원이 직무대행자를 선임하면서 직무권한의 범위를 특별히 제한하지 아니하였다면, 직무대행자의 권한 범위는 종전 조합장의 권한 범위와 동일하게 보아야 한다는 견해이다.

(2) 통상 업무로 권한 범위가 제한된다는 견해[23]

가처분 재판에 의하여 조합임원의 직무를 대행하는 자를 선임한 경우

---

22) 대법원 1982. 12. 14. 선고 81다카1085 판결
23) 대법원 2000. 2. 11. 선고 99두2949 판결, 대법원 2000. 2. 11. 선고 99두2949 판결

에 그 직무대행자는 단지 피대행자의 직무를 대행할 수 있는 임시의 지위에 놓여 있음에 불과하므로, 조합을 유지하고 관리하는 한도 내의 통상업무에 속하는 사무만을 행할 수 있다는 견해이다.

(3) 검토

임시의 지위를 정하는 가처분은 권리관계에 다툼이 있는 경우에 권리자가 당하는 위험을 제거하거나 방지하기 위한 잠정적이고 임시적인 조치로서 그 분쟁의 종국적인 판단을 받을 때까지 잠정적으로 법적 평화를 유지하기 위한 비상수단에 불과하다는 점을 고려하면, 법원의 가처분 결정에 의해 선임된 직무대행자의 권한 범위는 통상업무(조합을 유지하면서 관리하기 위한 현상유지적 사무의 처리)로 제한된다는 후자의 견해가 타당하다고 본다.

다만 위 견해에 따르더라도 '통상업무'가 어디까지인지 분쟁이 있을 수 있다. 이와 관련해 직무대행자가 조합원 1/3 이상으로부터 직무집행이 정지된 조합장을 선출한 종전 총회의 결의를 추인하기 위한 임시조합총회소집요구를 받고 임시총회를 개최한 사안에서, 대법원은 "직무대행자의 권한은 특별한 사정이 없는 한 통상의 사무로 제한되더라도 그 재건축조합 총회 자체의 권한마저 통상 사무로 제한되는 것은 아니므로 가처분에 의해 직무집행이 정지된 조합장을 선출한 종전 조합 총회 결의에 대해 무효 확인을 구하는 본안소송이 진행 중이더라도 이후의 조합 총회에서 종전과 같은 내용의 결의를 하여 사실상 종전 결의를 추인

하는 것이 금지되는 것은 아니다"라고 판단한 바 있다. [24]

---

24)   대법원 2005. 1. 29.자 2004그113 결정

조합임원은 퇴직금을 청구할 수 있을까

1. 쟁점

조합임원의 임기가 만료되거나 사임 또는 해임 등으로 임원직이 종료된 경우, 조합임원은 조합에 퇴직금을 청구할 수 있는지 문제된다.

2. 조합임원의 퇴직금 청구 가부

(1) 퇴직금을 청구할 수 있는 자

퇴직금은 「근로자퇴직급여 보장법」 제9조에 따라 근로자가 일정기간 근로를 제공하고 퇴직 시 사용자로부터 받는 급여이다. 즉 퇴직금은 근로자가 청구할 수 있는 급여를 말하는데, 여기서 '근로자'란 단순히 노동을 제공하는 자를 의미하는 것이 아니라, 「근로기준법」 제2조 제1항 제1호에 따라 '직업의 종류와 관계없이 임금을 목적으로 사업이나 사업장에 근로를 제공하는 자'를 말한다.

(2) 조합임원이 근로기준법상 근로자에 해당하는지 여부

임원이라 하더라도, 업무의 성격상 회사로부터 위임받은 사무를 처리하는 것이 아니라 실제로는 업무집행권을 가지는 자의 지휘·감독 아래 일정한 노무를 담당하면서 그 노무에 대한 대가로 일정한 보수를 지급받아 왔다면, 그 임원은 근로기준법에서 정한 근로자에 해당할 수 있다. 다만 임원이 담당하는 업무 전체의 성격이나 업무수행의 실질이 사용자의 지휘·감독을 받으면서 일정한 근로를 제공하는 것에 그치는 것이 아니라면, 그 임원은 위임받은 사무를 처리하는 지위에 있으므로, 근로기준법상 근로자에 해당하지 않는다.[25]

조합임원은 법인등기부에 등기사항으로 조합으로부터 일정한 사무처리의 위임을 받고 총회에서 위임된 사항에 대해서 조합 의사결정 절차에 참여하는 자로서 사용자의 지휘 감독 아래 일정한 근로를 제공하고 소정의 임금을 지급받는 고용관계에 있는 자가 아니다. 따라서 조합임원은 근로기준법상 근로자에 해당하지 않고, 조합임원이 일정한 보수

---

25) 대법원 2017. 11. 9. 선고 2012다10959 판결

를 받는 경우에도 이를 근로기준법 소정의 임금이라고 할 수 없다.

다만 조합임원의 보수는 정관 기재사항으로,[26] 조합이 정관에 조합임원에 퇴직급여를 지급하기로 하는 내용을 정한다면, 조합임원은 조합 정관에 근거하여 퇴직급여에 상응하는 보수의 지급을 청구할 수는 있다.

---

26)   법 제40조 제1항

조합임원의
선임과 연임

조합임원 선임·연임의 개관

1. 조합임원이 될 수 있는 자

(1) 적극적 요건(임원의 소유 또는 거주 요건)

조합임원이 되려는 자는 ① 정비구역에서 거주하고 있는 자로서 선임일 직전 3년 동안 정비구역 내 거주 기간이 1년 이상이거나 ② 정비구역에 위치한 건축물 또는 토지(재건축사업의 경우에는 건축물과 그 부속토지를 말한다)를 5년 이상 소유하여야 한다. 그리고 임원 중에서도 조합장은 선임일부터 관리처분계획 인가를 받을 때까지 정비구역에서 거주 또는 영업하여야 한다.[27] 이러한 임원 자격 제한은 기존에 조합 표준정관에 규정되어 있었던 내용이나, 2019. 4. 23. 도시정비법 개정으로

---

27)   법 제41조

법 내용으로 포함되었다. 임원의 피선출자격을 제한하는 취지는 투기목적 등으로 단기간에 조합원의 자격을 취득한 자를 배제하고 조합의 현황을 자세히 파악할 수 있는 지위에 있는 자를 임원으로 선출함으로써 그 임원으로 하여금 조합원들의 이익을 보다 충실히 대변하도록 하기 위함이다.[28]

조합임원의 자격과 관련하여, 등기부상 소유자가 아닌 세대원의 경우에도 피선거권이 인정될 것인지 문제되는 경우가 있는데, 실무에서는 견해 대립이 있는 것으로 보인다. 동일한 세대가 사업추진구역 내의 주택 등을 소유하면서 거주한다고 하더라도 세대원 중 1인만이 소유자로서 등기할 수밖에 없는 점 등을 고려하면 임원이 될 수 있는 토지등소유자는 단순히 등기부상 명의만을 보유하고 있는 자만을 의미하는 것이 아니라 등기명의자와 동일한 세대를 이루어 실질적으로 같은 이해관계를 가지는 자까지도 포함해야 한다는 하급 법원의 판결이 있다.[29] 다만 위 판결은 도시정비법 제41조 개정 전 사례로, 최근 법 개정 이후 도시정비법을 엄격히 해석하여 등기부상 명의자를 기준으로 소유요건을 판단한 하급 법원의 판단도 있으니 주의가 필요하다.[30]

---

28) 서울동부지방법원 2016. 1. 12. 고지 2015카합10267 결정
29) 인천지방법원 2004. 10. 28. 선고 2004가합2256 판결
30) 광주지방법원 2021. 01. 15. 선고 2020가합57061 판결

(2) 소극적 요건(조합임원의 결격사유)

도시정비법은 아래와 같이 조합임원의 결격사유를 규정하고 있는데, 이 역시 임원의 자격에 관한 규정이라고 볼 수 있다.[31] 따라서 조합임원이 결격사유 요건에 해당하면 그 자격이 박탈된다.

① 미성년자·피성년후견인 또는 피한정후견인

② 파산선고를 받고 복권되지 아니한 자

③ 금고 이상의 실형을 선고받고 그 집행이 종료(종료된 것으로 보는 경우를 포함한다)되거나 집행이 면제된 날부터 2년이 지나지 아니한 자

④ 금고 이상의 형의 집행유예를 받고 그 유예기간 중에 있는 자

⑤ 이 법을 위반하여 벌금 100만원 이상의 형을 선고받고 10년이 지나지 아니한 자

2. 조합임원의 선출방식 선임 vs 연임

조합은 조합임원을 선출하면서 새롭게 후보자를 모집하는 '선임방식'이 아니라 기존임원의 '연임에 대해 찬반을 묻는 방식'으로 총회 의결을 거치는 것이 가능할까? 연임방식의 경우 조합임원이 되고자 준비했던

---

31) 법 제43조 제1항

조합원들이 후보자로 나설 수 없기 때문에 조합원의 피선거권을 제한한다는 비판이 제기될 수도 있다.

결론적으로 말하면, 조합은 새로운 입후보자등록공고 등의 절차를 밟아 총회에 선임 안건을 상정하든지 그렇지 아니하고 연임 안건을 상정할지 자유롭게 선택할 수 있다. 왜냐하면, 조합원들은 총회에 상정된 조합임원 연임 안건에 대해 반대의사를 표명함으로써 기존 조합임원의 연임을 반대할 수 있고, 이후 새로운 임원을 선임하는 결의를 거치는 방식으로 임원선출권 내지 피선출권을 보장할 수 있기 때문이다(다만 이 경우에도 조합이 정관에 연임방식을 제한하는 규정을 둔 경우에는 연임방식이 제한된다).

따라서 연임방식으로 임원을 선출하는 경우에는 새로운 입후보자가 등록하는 것이 아니므로 입후보자등록공고 등의 절차를 거치지 않았다고 하더라도 그것이 조합원들의 임원선출권 내지 피선출권을 침해하였다고 볼 수 없다.[32]

3. 서울시 표준선거관리규정은 강제성 있을까?

서울시는 공정한 선거관리를 위해 2015년경 중립적 선거관리위원회

---

[32]   대법원 2010. 11. 11. 선고 2009다89337 판결

구성의무와 조합임원선출 방법 및 절차를 규정한 표준선거관리규정을 제정하였다. 다만 서울시표준선거관리규정은 도시정비법 제118조(정비사업의 공공지원에 관한 규정)에 근거하여 제정된 것인데, 정비사업 시행과정을 지원하는 것에 불과하고 위 도시정비법 규정이 선거관리와 관련하여 강제력 있는 규정을 제정할 수 있는 권한까지 부여한 것은 아니기 때문에 대외적인 구속력을 가지는 법규성을 가진다고 보기 어렵다. 따라서 조합이 표준선거관리규정의 내용에 맞추어 자체적으로 선거관리규정을 제정하거나 개정하지 않았다면, 조합임원 선거가 표준선거관리규정에 위반되었다고 하더라도 그 사실만으로 위법한 선거라고는 볼 수 없다.[33]

---

33) 서울고등법원 2019. 7. 11. 선고 2018누66847 판결

입후보자격을 제한하는
선거관리규정 유효할까

1. 쟁점

　조합은 조합 정관에 임원이 되려는 자의 자격 요건을 제한하는 규정을 둘 수 있다. 그런데 그러한 규정이 합리적인 범위를 벗어나 조합원의 권리를 과도하게 침해 내지 제한하여 조합원의 피선거권을 현저하게 침해한다면 이는 효력이 없다. 이에, 아래에서는 입후보자격을 제한하는 선거관리규정의 효력에 관해 살펴보도록 한다.

2. 관련 사례

(1) 임원의 입후보 자격을 '조합설립에 동의한 자'로 한정할 수 있을까[34]

조합이 정관 또는 선거관리규정에 '조합설립에 동의하는 조합원만이 조합의 임원으로 선출될 수 있는 피선거권을 가진다'고 규정하여 임원 후보자 자격에 제한을 두는 경우가 있다. 그러나 이러한 규정은 조합설립에 부동의한 조합원들을 조합설립에 동의한 조합원들에 비하여 합리적인 사유 없이 차별한 것이고, 조합설립에 부동의한 조합원들의 양심의 자유를 본질적으로 침해한 것이므로, 조합설립에 부동의한 조합원들의 피선거권을 합리적인 범위를 벗어나 과도하게 제한한 것이므로 무효이다.

(2) 임원으로 선출되기 위해 조합원 20명의 동의를 받아야 한다는 제한을 선거관리규정에 둘 수 있을까

조합의 규약에서 임원의 자격을 일정한 수 이상의 조합원의 추천을 받은 자로 제한한 경우에, 추천을 받아야 할 조합원의 숫자가 전체 조합원의 숫자에 비추어 소수 조합원의 권리를 침해할 우려가 있는 정도에 이르지 않으면 이러한 규약도 허용된다. 대법원도 조합이 법령에 반하지 않는 한 자체적인 판단으로 규약 등에 임원의 자격을 정할 수 있다

---

[34] 대구고등법원 2018. 1. 19. 선고 2017나22255 판결

고 보면서, '임원의 입후보자격을 조합원 20인 이상 추천을 받은 자에 한한다'는 선거관리규정이 조합원의 피선거권을 과도하게 제한하거나 조합원의 평등을 현저하게 침해하는 규정이라고 보기 어렵다고 판단하였다.[35]

또한 하급심법원은 사업구역 내 토지등소유자 총수가 약 1,500명인 재개발 사업장에서 임원선출 시 100명 이상의 추천인을 요구하는 선거관리규정에 대하여 지나치게 많은 추천인을 요구한다고 볼 수도 없다고 판단하였다.[36]

---

35) 대법원 2017. 6. 19. 선고 2015다70679 판결
36) 서울고등법원 2012. 9. 19. 선고 2011누42699 판결

선거관리규정의 위반과
임원선임결의의 효력

1. 쟁점

　조합은 임원선출 시 공정한 선거관리를 위하여 단체 내부규범으로 선거관리규정을 둔다. 그리고 후보자 등록부터 선출까지 선거관리규정에서 정한 절차와 방법을 준수하여 선거절차를 진행한다. 그런데 조합이 선거관리규정상의 절차를 위반하여 절차상 하자 있는 임원선출결의가 이루어졌다면, 이러한 결의의 효력을 인정할 수 있을까?

2. 선거관리 절차에 일부 잘못이 있는 경우, 선출결의가 무효인지 판단하는 기준

재건축·재개발 조합의 임원선출을 위한 선거의 절차에 법령이나 정관 등에 위반한 사유가 있는 경우 그 사정만으로 선거가 무효가 되는 것은 아니고 그 위반사유로 인하여 선거인들의 자유로운 판단에 의한 투표를 방해하여 선거의 기본이념인 선거의 자유와 공정을 현저히 침해하고, 그로 인하여 선거의 결과에 영향을 미쳤다고 인정될 때, 즉 선거에 관한 규정의 위반이 없었더라면 후보자의 당락 등 선거의 결과가 현실로 있었던 것과 다른 결과가 발생하였을지도 모른다고 인정되면 그 선거는 무효이다.[37]

3. 관련 사례

(1) 선거관리위원회 구성에 절차상 하자가 존재하는 경우

법정 정족수에 미달한 대의원회에서 선거관리위원이 선출되고 선거관리위원회가 구성되어 임원선임결의가 이루어진 사안에서, 하급심 법원은 '선거관리위원은 그 선임이 공정하면 족하고 조합 내 민주적 대표성을 확보해야 할 지위가 아니므로 반드시 대의원회 의결을 통해 선임되어야 한다고 보기 어려운 점, 법정 정족수에 미달해 부적법한 대의원

---

37)   대법원 2010. 7. 15. 선고 2009다100258 판결, 대법원 2012. 10. 25. 선고 2010다102533 판결, 대법원 2014. 12. 11. 선고 2013다204690 판결

회 결의에 의해 선출된 선거관리위원으로 구성된 경우에는 선거의 자유
와 공정을 현저히 침해하고 그로 인하여 선거결과에 영향이 미쳤다고
볼 수 없으므로, 임원선임결의는 무효가 아니다'라고 보았다.

반면에 선거관리위원회 구성의 위법으로 임원선임결의가 무효가 된
다고 본 사례도 있다. 대법원은 선거관리위원회가 구성된 시점의 임시
총회가 부결되고, 해당 선거관리위원회가 차회 임시총회에서 선거업무
를 재차 담당한 사안에서, '비록 임원선출을 위한 임시총회가 개최되지
못하였더라도 당해 구성되었던 선거관리위원들의 임기도 선거관리규정
에 따라 종료되었다고 보면서, 해당 선거관리위원들이 그로부터 약 1년
이 지나 새롭게 개최된 임시총회에서 임원선임에 관한 선거업무를 담당
하였다면 적법한 선거관리위원회가 구성되지 아니한 상태에서 실시된
선거를 통하여 선출된 자들을 임원으로 선임한 것으로 그 임원선임결의
는 절차에 하자가 있다'고 판단하였다.[38]

이와 같이 법원의 구체적 사안에 따라 판단을 달리한다. 따라서 선거
관리위원회 구성에 절차상 하자가 존재하더라도 이 사실만으로 일의적
으로 임원선임결의의 효력여부를 따질 수 없고, 선거관리위원회 구성의
하자가 선거의 자유와 공정을 현저히 침해하였다고 볼 수 있는지 사안

---

38) 대법원 2014. 12. 11. 선고 2013다204690 판결

마다 구체적인 검토가 필요할 것으로 보인다.

(2) 선거관리위원회 서면결의서를 검열하지 않은 절차상 잘못이 있는 경우 선출결의가 무효인지 여부[39]

선거관리위원이 직접적으로 서면결의서를 검열하지 아니하는 등 임원선출에 관한 선거관리 절차상의 일부 잘못이 존재하더라도, 선거인의 자유로운 판단에 의한 투표를 방해하여 자유와 공정을 현저히 침해하고 그로 인해 임원선출결의의 결과에 어떤 영향을 미쳤다거나 이를 무효로 볼 만큼 선거의 공정성과 투명성이 침해된 것으로 볼 수 없다면 선출결의가 무효라고 보기 어렵다.

(3) 학력이나 경력을 허위로 기재한 때

후보자의 학력에 관해 증명 서류 제출이 없거나 거짓 사실임이 판명된 때는 보통 선거관리규정에 그 사실을 공고하고 증명 서류 제출을 하지 않거나 거짓 사실을 기재한 후보자에 대해서는 선거관리위원회가 의결로 중지, 경고, 시정명령, 등록무효 등의 조치를 취한다고 규정돼 있다. 그렇다면 임원선출 과정에서 조합임원으로 선출되고자 하는 후보자가 학력 또는 경력을 허위로 기재하였다면 당선무효사유에 해당될까? 이에 대해서는 각급 법원마다 또 판사마다 다른 판단을 하고 있다.

---

39) 대법원 2012. 10. 25. 선고 2010다102533 판결

아파트입주자대표회의 회장선거와 관련하여 서울고등법원은 "허위학력 기재가 입주자대표회의 회장 선거결과에 아무런 영향이 없었다고 단정하기 어려운 점, 아파트 입주자대표회의 회장이 총괄 집행하는 연간 관리비의 총액이 연 12억원에 달하여 입주자대표회의의 회장은 높은 수준의 청렴성, 도덕성이 요구된다고 봄이 상당한데 이러한 고의적인 허위학력 기재행위는 위와 같은 높은 수준의 청렴성, 도덕성의 요구에 부응하지 못하는 것인 점 등을 감안하면, 아파트 선거관리위원회가 고의로 허위학력을 표시한 것에 대하여 회장 당선무효 결정한 행위는 재량권을 일탈 남용한 무효인 행위라고 볼 수 없다"고 판단하였다.[40]

반면에 서울남부지방법원은 학위 '이수'가 명확한 기재임에도 불구하고 학위 '졸업'이라고 기재한 사안에서, "졸업의 사전적 의미는 '학생이 규정에 따라 소정의 교과 과정을 마침'이라는 것이고, '이수'의 사전적 의미는 '해당 학과를 순서대로 공부하여 마침'이라는 것이어서, 사전적 의미만으로는 졸업과 이수의 개념이 명확하게 구별되지 않는 이상 허위사실을 기재하였다고 단정하기 어렵고, 후보등록 당시 선거관리위원회에 '졸업'이 아닌 '수료'라고 기재된 이력서와 그 이수증명서를 제출하였으므로 허위라고 볼 수 없다"고 하며 당선무효사유가 아님을 판단하

---

40) 서울고등법원 2012. 5. 31. 선고 2011나92871 판결

였다. [41]

정리하면 직접 투표로 이뤄지는 임원 선거는 조합원들의 직접적인 의사표출의 수렴결과로서 최대한 존중돼야 한다는 점을 고려하면, 임원 후보자의 학력과 경력에 정확한 명칭을 사용하지 않았다고 하더라도 이를 허위기재라거나 선거관리규정상의 당선무효사유에 해당한다고 단정할 수 없다. 즉 학력 또는 경력의 기재가 실제 학력 내지 경력에 얼마나 부합하는지, 오인가능성이 임원 선거의 공정성을 해할 정도이거나 그로 인해 선거결과에 영향을 미쳤는지 여부를 실질적으로 판단해야 하고, 나아가 당선 무효가 후보자 자격 자체를 박탈시키는 중대한 처분이라는 점에서 보다 제한적이고 엄격한 잣대 하에서 법과 관련 규정을 해석할 필요가 있겠다.

(4) 임원선임을 위한 투표방법으로 우편투표를 하는 경우, 우체국소인이 없는 우편제출이 유효한지 여부

통상 조합선거관리 규정은 투표방법으로 현장투표, 사전투표, 우편투표, 전자투표만을 근거로 하고 있을 뿐 제3자에 의한 인편투표를 인정하고 있지 아니한다. 실무에서 '인편투표는' 소위 OS 업체들에 의한 서면결의서 징구를 의미한다. 이와 같이 인편투표를 인정하지 않는 이유는, 서

---

41) 서울남부지방법원 2017. 12. 7. 선고 2017가합105099 판결

면결의서의 인편전달 과정에서 그 역할이나 활동의 공정성을 담보하기 어려운 총회대행업체의 직원들이 토지등소유자들을 직접 대면함으로써 토지등소유자의 의사결정에 영향을 미쳤을 개연성이 있을 수 있기 때문이다. 따라서 총회와 관련하여 서면으로 이루어진 출석 및 투표 중 일부가 총회대행업체 직원을 통하여 인편으로 제출되었다면 이는 선거관리 규정의 주요 규정을 위배하여 토지등소유자의 자유로운 판단에 의한 투표를 방해하여 자유와 공정을 침해하고 그로 인하여 결의 결과에 영향을 미쳤다고 볼 여지가 있어 부적법하다.[42]

다만 선거인이 직접 선거관리위원회 사무실에 방문하여 우편투표용지를 제출하는 방법은 허용할 수 있다. 우편에 의한 방식의 투표를 허용하는 이유가 총회 등에 직접 참석할 수 없는 선거인의 선거권을 보장하기 위한 것이므로 비록 우체국소인이 없는 서면결의서에 의하더라도 선거인이 직접 선거관리위원회를 방문하여 투표용지를 제출하는 것이라면 해당 투표는 유효라고 보는 것이 타당하다. 하급심 법원도 선거관리계획서에 우편투표용지를 직접 선관위에 제출하는 것을 허용하였다고 하여 이를 무효라고 단정할 수 없다고 판단하였다.[43]

---

[42] 서울동부지방법원 2017. 11. 16. 선고 2017가합101568 판결(서울고등법원 2017나2076341 항소기각, 대법원 2018다303554 심리불속행 기각)

[43] 서울북부지방법원 2018. 6. 21. 선고 2018가합20457 판결

선거관리위원의 부당한 선거개입으로 인한 임원선임결의의 효력

1. 쟁점

임원선출 시 선거관리위원회를 구성하는 이유는 독립적인 기구가 선거를 투명하고 공정하게 관리하기 위해서다. 따라서 선거관리에서 가장 중요한 것은 공정성, 중립성, 독립성의 보장이다.

그런데 선거관리위원회가 선거관리라는 명목으로 부당하게 선거에 개입하거나 후보자의 선거운동의 방식을 통제하는 경우가 있다. 다만 이 경우에도 선거관리규정에는 선거관리위원회의 권한 남용에 대한 제재수단이 마련되지 않아 선거관리위원회의 권한 외 행위를 곧바로 통제하기가 어렵다. 이러한 이유로 선거관리위원회의 부당 개입으로 선거가 불공정해지는 경우, 낙선자는 선임결의의 무효의 소 또는 당선자의 직무집행을 정지하는 소를 제기하여 선거관리위원회의 부당 행위를 다툴 수밖에 없다. 그렇다면, 선거관리위원회의 권한과 재량은 어디까지 인정되는 것일까?

2. 원칙 - 선거관리위원회의 재량권 인정

선거관리위원회는 의결 또는 후보자들 사이의 합의에 의해 선거운동기간, 선거운동방법 제한 등에 대해 등을 정할 수 있고, 선거관리규정의 위반행위에 대해 자율적으로 판단해 조치할 권한을 가진다. 따라서 선거관리규정에 위반되는 것으로 보이는 객관적 사유가 인정되면, 선거관리위원회가 후보자 등록 취소 결정을 하더라도 이는 자율적 권한의 범위를 현저히 벗어났다고 보기 어렵다. 다만 이 경우에도 선거관리위원회는 주어진 재량권의 범위 내에서 조치를 취할 수 있을 뿐이다. 따라서 선거관리위원회가 주어진 재량권 남용하여 선거결과에 영향을 미쳤다면, 해당 선출결의 역시 위법하다고 볼 것이다.

3. 예외 - 선거관리위원회가 재량권을 일탈 남용 사례

(1) 선거관리위원회가 후보자에게 공개사과를 명하거나 당선무효 예정이라

는 공고를 할 수 없다고 본 사안[44]

선거관리위원회가 선거관리에 재량권을 가진다고 하더라도 후보자가 선거관리규정을 위반하였다는 이유로 후보자에게 공개사과를 명하거나 당선무효 예정이라는 공고를 할 수는 없다. 선거관리위원회가 회원들에게 'A는 선관위를 무시하고 업무를 방해하고 있다. 선관위는 A의 안하무인격 행보를 더는 지켜볼 수 없고, A가 당선될 시 선거관리 규정에 따라 당선무효 판결을 논의하기로 하였다'라는 내용의 문자메세지를 발송한 사안에서, 수원지방법원은 아래와 같이 판단했다.

"피고 선관위는 이 사건 선거를 주관하면서 중립의무를 지켜야 하고 특정 후보자에게 유리하거나 불리하지 않게 업무를 처리해야 한다. 앞서 본 피고 회칙 및 선거관리 규정에 의하면 피고 선관위는 선거가 실시된 후 당선자의 규정 위반 행위를 이유로 당선무효 결정할 권한이 있을 뿐, 선거가 실시되기 전에 특정 후보가 불법선거운동을 하였으므로 공개사과를 명하거나, 불법선거운동을 한 후보가 당선되는 경우 당선무효 결정을 논의할 예정이라고 회원들에게 공표할 권한은 없다. 어느 후보의 선거운동이 규정을 위반하였는지 다툼이 있을 수 있는 점, 사죄광고 제도가 헌법에서 보장된 인격의 존엄의 가치 및 그를 바탕으로 하는 인격권에 위해를 가하는 것으로 위헌인 점, 피고 선관위가 불법선거운동

---

44) 수원지방법원 2018. 10. 17. 선고 2018가합15140 판결

이라고 판단하고 당선무효 결정을 논의할 예정이라고 회원들에게 공표한 행위가 사실은 불법선거운동에 해당하지 않는 경우 피고 선관위의 공표행위는 선거결과에 영향을 미치게 되는 점에 비추어 보면, 피고 선관위가 선거가 실시되기 전에 특정후보에게 공개사과를 명하거나, 불법선거운동을 한 후보가 당선되는 경우 당선무효 결정을 논의할 예정이라고 회원들에게 공표하는 것은 적절하지도 않다."

즉 위 판결의 내용을 참조해 보건대, 선거관리위원회가 선거관리에 재량권을 가진다고 하더라도, 후보자가 선거관리규정을 위반하였다는 이유로 후보자에게 공개사과를 명하거나 당선무효 예정이라는 공고를 하는 것은 회원들의 자유로운 판단에 의한 투표를 방해하여 선거의 기본이념인 선거의 자유와 공정을 현저히 침해하여 위법하고, 그로 인하여 선거의 결과에 영향을 미쳤다면 선출결의 역시 위법하다고 봄이 타당하다.

(2) 당선무효 결정에서 소명절차 등 절차적 사항을 거치지 아니한 경우 선거관리위원회가 재량권을 일탈 남용하였다고 본 사안

선거관리위원회는 후보자가 선거관리규정을 위반하였다는 의혹이 제기되었을 때, 우선 객관적이고 합리적인 방법으로 선거관리규정 위반사실의 진위여부를 확인해야 하고, 위반사실이 확인된 후에는 선거관리위원회 규정상 위반행위에 대한 조치들 중 어떠한 조치를 취할 것인지를 위반행위 동기와 그 결과, 선거에 미치는 영향, 위반기간 및 위반 정도 등을 고려해 의결해야 한다. 그리고 그 일련의 과정에서 조치의 대상인 후보자에게 구체적으로 소명할 기회를 제공하여야 하며, 특히 가장 중한 조치인 후보자 등록무효 결정을 하는 경우에는 더욱 그러하다. 만약 이러한 절차의 준수 없이 후보자의 등록을 무효화하는 경우 그 조치는 절차적으로 위법하여 효력유무가 문제될 수 있다.

마찬가지로 대전고등법원은 소명절차 등을 거치지 않고 이사장 당선무효 결정을 한 사안에서 "이사장선거가 전체 조합원의 직접선거에 의하여 치러지는 점에 비추어 보면 위 선거관리위원회가 당선무효결정을 함에 있어서도 당선자에게 소명의 기회를 주거나 사실조사를 엄격히 하는 등의 절차를 밟아야 함에도 이와 같은 절차를 거침이 없이 당선자를 선포한 다음날 2시간여 만에 오직 위 유인물만을 근거로 위와 같이 당선무효결정을 한 것은 정당한 절차를 밟았다고도 보기 어려우므로 당선무효결정의 효력은 실체상으로나 절차상으로나 유지되기 어렵다 할 것이다"고 판단하였다.[45]

---

45)   대전고등법원 1993. 11. 16.자 93라2 결정

임원선임결의의 하자를 다투는 방법

1. 쟁점

임원선임결의의 하자를 다투는 방법에 대해 살펴본다.

2. 도시정비법상 재개발조합과 조합장 또는 조합임원 사이의 선임 해임 등을 둘러싼 법률관계는 사법상 법률관계이므로, 민사소송에 의한다.[46)]

도시정비법상 재개발조합이 공법인이라는 사정만으로 재개발조합과

---

46)   대법원 2009. 9. 24.자 2009마168 결정

조합장 또는 조합임원 사이의 선임 해임 등을 둘러싼 법률관계가 공법상의 법률관계에 해당한다거나 그 조합장 또는 조합임원의 지위를 다투는 소송이 당연히 공법상 당사자소송에 해당한다고 볼 수는 없고, 도시정비법의 규정들이 재개발조합과 조합장 및 조합임원과의 관계를 특별히 공법상의 근무관계로 설정하고 있다고 볼 수도 없으므로, 재개발조합과 조합장 또는 조합임원 사이의 선임 해임 등을 둘러싼 법률관계는 사법상의 법률관계로서 그 조합장 또는 조합임원의 지위를 다투는 소송은 민사소송에 의하여야 한다.

3. 조합장의 선출결의에 하자가 있는 경우 그 하자를 내세워 조합장 명의변경에 대한 행정청의 인가처분의 취소를 구할 수 없다.[47]

조합장 명의변경에 대한 시장, 군수 또는 자치구 구청장의 인가처분은 종전의 조합장이 그 지위에서 물러나고 새로운 조합장이 그 지위에 취임함을 내용으로 하는 명의변경 행위를 보충하여 그 법률상의 효력을 완성시키는 보충적 행정행위이다. 따라서 기본행위인 조합장 명의변경에 하자가 있을 때에는 인가가 있다 하더라도 조합장 명의변경이 유효한 것으로 될 수 없는 것이므로 기본행위를 다투어야 하고, 기본행위의 하자를

---

47)   대법원 2005. 10. 14. 선고 2005두1046 판결

내세워 바로 그에 대한 행정청의 인가처분의 취소를 구할 수는 없다.[48]

4. 임원선임결의에 하자가 있는 경우 조합을 상대로 한 선임결의효력정지가처분을 제기하는 것은 부적법하다.[49]

민법상 법인의 이사 직무집행정지 및 직무대행자선임 가처분이 발령되면 법원의 촉탁에 의해 그 사항이 법인등기부에 등재되어 외부에 공시됨으로써 제3자에 대한 대항력을 갖추게 되고[50] 이로써 거래 안전의 보호를 도모할 수 있는데 반해, 이사 선임결의의 효력정지가처분에 관해서는 그에 대응하는 등기절차가 법문에 규정되어 있지 아니하여 이를 법인등기부에 공시할 수 없고, 따라서 법인과 거래하는 제3자의 안전을 해할 가능성이 높아지게 된다.

따라서 임시의 지위를 정하기 위한 가처분에서 채무자가 될 수 있는 자는 채권자가 주장하는 법률상 지위와 정면으로 저촉되는 지위에 있는 자에 한정되고, 조합장 선임 결의의 하자를 이유로 한 직무집행정지 가처분에 있어서는 조합장 개인만이 채무자가 되며, 조합을 당사자로 삼을 수 없다. 만일 조합을 상대로 한 조합장 선임결의의 효력정지가처분

---

48) 대법원 1995. 12. 12. 선고 95누7338 판결, 대법원 2004. 10. 28. 선고 2002두10766 판결
49) 서울고등법원 2010. 6. 21.자 2009라2534 결정
50) 민법 제52조의2, 제54조 제1항, 민사집행법 제306조

을 허용한다면, 이는 사실상 조합을 상대로 한 직무집행정지가처분을 인정하는 것과 동일한 결과가 되기 때문이다.

5. 하자 있는 결의에 의하여 조합장이 선출되었더라도 또 다시 조합장으로 선출될 가능성이 크다면, 조합장 선임 결의의 하자를 원인으로 하는 직무집행정지가처분이 인용되기 어렵다.[51]

직무집행정지 가처분과 같은 임시의 지위를 정하는 가처분은 다툼 있는 권리관계에 관하여 그것이 본안소송에 의하여 확정되기까지의 사이에 가처분권리자가 현재의 현저한 손해를 피하거나 급박한 강포를 막기 위하여, 또는 기타 필요한 이유가 있는 때에 한하여 허용되는 응급적·잠정적 처분이다. 이러한 가처분을 필요로 하는지의 여부는 당해 가처분신청의 인용 여부에 따른 당사자 쌍방의 이해득실관계, 본안소송에 있어서의 장래의 승패의 예상, 기타의 제반 사정을 고려하여 법원의 재량에 따라 합목적적으로 결정하여야 할 것이다. 따라서 조합의 대표자인 조합장 선임 결의의 하자를 원인으로 하는 가처분신청에 있어서는 장차 신청인이 본안에 승소하여 적법한 선임 결의가 있을 경우, 피신청인이 다시 대표자로 선임될 개연성이 있는지의 여부도 가처분의 필요성

---

51)   대법원 1997. 10. 14.자 97마1473 결정

여부가 판단의 근거가 될 수 있다.

6. 총회에서 임원선임결의가 있은 후 다시 개최된 총회에서 종전 결의를 그대로 인준하거나 재차 동일한 내용의 결의를 한 경우에는, 설령 당초 총회 결의가 무효라고 할지라도 종전 임시총회결의의 무효확인을 구할 수 없다.

총회에서 임원선임결의가 있은 후 다시 개최된 이사회에서 종전 결의를 그대로 인준하거나 재차 동일한 내용의 선임 결의를 한 경우에는, 설령 당초의 결의가 무효라고 할지라도 다시 개최된 이사회 결의가 하자로 인하여 무효라고 인정되는 등의 특별한 사정이 없는 한, 종전 총회 결의의 무효확인을 구하는 것은 과거의 법률관계 내지 권리관계의 확인을 구하는 것에 불과하여 권리보호의 요건을 결여한 것으로 부적법하다.[52]

---

52) 대법원 2012. 1. 27. 선고 2011다69220 판결

정관변경의 효력발생시점과 조합장 선임결의의 효력

1. 쟁점

甲조합은 총회를 개최하여 정관의 내용 중 조합임원의 선임에 관한 의결정족수를 변경하는 의결을 한 후 변경된 정관에 따라 조합장을 선출하였고, 조합장 변경을 내용으로 하는 조합설립변경인가를 신청하였다. 그러나 이에 대해 관할 구청장은 "조합장 선출 결의가 도시정비법에 따른 정관변경에 대한 인가(신고) 없이 이루어져 무효다"는 이유로 이를 거부하였다. 이러한 처분은 타당할까? 정관변경에 대한 인가(신고)가 있어야만 그 변경의 효력이 발생하는지가 문제된다.

2. 사안의 검토

(1) 도시정비법상 '신고사항'과 '인가사항'의 효력발생시점의 차이

도시정비법 제40조 제3항은 조합이 정관을 변경하고자 하는 경우에는 총회를 개최하여 조합원 과반수 또는 3분의 2 이상의 동의를 얻어 시장·군수의 인가를 받도록 규정하고, 시행령 제39조에 따른 경미한 사항을 변경하려는 때에는 도시정비법 또는 정관으로 정하는 방법에 따라 변경하고 시장·군수 등에게 신고하여야 한다고 규정한다. 즉 도시정비법은 정관의 내용을 변경할 때, 경미한 사항의 변경은 신고절차, 그 외 사항의 변경은 변경인가절차를 거치도록 함으로써, '신고사항'과 '변경인가사항'을 구분하고 있다. [53]

여기서 시장 등의 '인가'는 그 대상이 되는 기본행위를 보충하여 법률상 효력을 완성시키는 행위로서 이러한 인가를 받지 못한 경우 변경된 정관은 효력이 없다. [54] 따라서 시장 등이 변경된 정관을 인가하더라도 정관변경의 효력이 총회의 의결이 있었던 때에 발생한다고 할 수 없다.

반면에 도시정비법 제40조 제4항에 따라 '경미한 사항'에 대하여 정관

---

53) 법 제35조 제5항 및 시행령 제31조
54) 대법원 2007. 7. 24.자 2006마635 결정

을 변경하고자 하는 때에는 도시정비법 또는 정관으로 정하는 방법으로 변경하고 시장·군수에게 신고하면 되는데, '신고'의 경우 도시정비법, 도시정비법 시행령, 정관의 규정에 따라 정관변경을 의결한 때, 즉 총회 결의가 있는 때 변경된 정관의 효력이 발생하고, 신고한 때 그 효력이 발생하는 것이 아니다.[55]

(2) 사안의 해결

위 사안은 구 도시정비법이 적용된 사례로, 당시의 도시정비법과 시행령은 '조합임원의 권리의무 보수 선임방법 변경 및 해임에 관한 사항'을 정관변경사항 중 경미한 사항 중 하나로 규정하고 있었다. 경미한 사항의 변경은 총회 의결이 있으면 그 효력이 즉시 발생하므로, 위 사안에서 법원은 조합이 같은 총회에서 조합임원 선임에 관한 의결정족수를 변경하는 의결을 한 후 곧이어 변경된 정관에 따라 조합장을 선출했다고 하더라도 유효하다고 판단했다.

한편 현행 도시정비법 시행령 제39조는 '조합임원의 권리·의무·보수·선임방법·변경 및 해임에 관한 사항'은 정관변경사항 중 '경미한 변경사항'에서 삭제했다(2019. 6. 18.자 시행령 개정). 때문에 조합임원의 선출과 관련한 의결방법이 더 이상 경미한 변경사항이 아니라는 견해가

---

55) 서울고법 2011. 11. 10. 선고 2011누23865 판결

존재한다. 그러나 그와 같이 단언할 수 없는 것이, 도시정비법 시행령 제39조는 정관변경 중 '총회의 소집 절차·시기 및 의결방법에 관한 사항'에 관한 변경을 '경미한 사항'으로 열거하고 있다. 그렇다면, 도시정비법 시행령 개정에도 불구하고, 임원선출에 관한 의결방법의 변경은 '총회 의결방법에 관한 사항'의 변경으로 볼 수 있으므로, 여전히 경미한 사항의 변경으로 볼 수 있다는 견해가 보다 설득력 있어 보인다.[56]

---

56) 해당 부분은 저자의 견해이므로 다른 법률적 견해가 존재할 수 있음을 밝힌다.

chapter

3

—

조합임원의 사임, 퇴임 및 해임

임원직 상실 사유

1. 쟁점

　조합임원과 조합은 위임관계로, 조합임원은 민법상 위임의 종료사유인 사망 파산 성년후견개시 등에 의하여 종임된다. 또한 도시정비법상 임원 자격상실사유인 퇴임, 해임에 의해 종임되기도 한다. 아래에서는 실무상 주로 문제가 되는 도시정비법상 임원자격상실사유에 대해 살펴보기로 한다.

2. 도시정비법 제43조에 따른 자격상실로 인한 퇴임

도시정비법 제43조는 조합임원의 결격사유를 규정하고 있다.[57] 조합임원이 되려는 자가 결격사유에 해당하면 조합임원이 될 수 없고, 조합임원이 된 후 그 사유에 해당하면 임원직이 상실된다. 구체적인 자격상실사유는 다음과 같다.

① 미성년자·피성년후견인 또는 피한정후견인

② 파산선고를 받고 복권되지 아니한 자

③ 금고 이상의 실형을 선고받고 그 집행이 종료(종료된 것으로 보는 경우를 포함한다)되거나 집행이 면제된 날부터 2년이 지나지 아니한 자

④ 금고 이상의 형의 집행유예를 받고 그 유예기간 중에 있는 자

⑤ 이 법을 위반하여 벌금 100만원 이상의 형을 선고받고 10년이 지나지 아니한 자

⑥ 도시정비법 제41조 제1항에 따른 요건을 갖추지 아니한 자

한편 조합임원 중에서도 조합장은 선임일부터 관리처분계획 인가를 받을 때까지는 해당 정비구역에서 거주(영업을 하는 자의 경우 영업을 말한다)하여야 하고, 만약 조합장이 선임 후 거주 요건을 유지하지 못한 때에는 임원직을 상실한다.

---

57)   법 제43조

3. 임기만료로 인한 퇴임

조합임원의 임기는 3년 이하의 범위에서 정관으로 정하되 연임할 수
있다.[58] 그리고 임원이 연임되지 아니하고 임기가 만료되면 위임관계는
종료된다. 그런데 이때 후임 임원이 선임되어 있지 않다면 어떻게 될까?
기관에 의하여 행위를 할 수밖에 없는 법인으로서는 당장 정상적인 활
동을 중단할 수밖에 없다. 때문에 조합은 임기 만료되거나 사임한 임원
이라고 할지라도 그 임무를 수행함이 부적당하다고 인정할 만한 특별한
사정이 없는 한, 종전 임원은 신임 임원이 선임될 때까지 직무를 계속 수
행할 수 있다.[59]

다만, 임기만료된 임원의 업무수행권이 인정된다고 하더라도 임기만
료 임원에게 여전히 임원으로서의 지위가 인정되는 것은 아니므로, 임
기만료된 임원의 업무수행권은 급박한 사정을 해소하기 위한 것이어야
한다. 즉 퇴임한 임원은 통상의 임원이 가지는 포괄적 업무수행권을 가
질 수는 없고, 업무를 수행하게 할 필요가 있는지를 개별적·구체적으로
가려 그 필요성이 인정될 때 한하여 업무수행권이 인정된다.[60]

---

58) 법 제41조 제4항
59) 대법원 1996. 1. 26. 선고 95다40915 판결
60) 대법원 1996. 12. 10. 선고 96다37206 판결

4. 사임

조합임원은 임기 내 사직의 의사표시로 임원직을 종료할 수 있다. 민법상 의사표시는 원칙적으로 일정한 방식을 필요로 하지 않으므로, 사직의 의사표시 역시 특정한 방식이 요구되지는 않는다. 그러므로 조합임원은 조합 정관 내지 조합 업무규정에 임원 사임의 방법을 특별히 정하지 않았다면, 서면, 구두 또는 이메일을 통해 사직의 의사를 표시할 수 있다.

사직의 의사표시는 원칙적으로 상대방 있는 단독행위이므로 의사표시를 수령할 권한이 있는 상대방을 향하여 발신되고 적법하게 상대방에게 도달하면 효력이 발생한다. 따라서 조합이사 또는 감사가 사임할 때에는 조합장에게 사임서를 제출하면 되고, 조합장이 사임할 때에는 정관상 조합장의 권한을 대행하게 되는 자에게 사임의 의사를 표시하면 된다.

5. 해임

조합임원이 해임되면 임원직을 상실한다. 해임은 타의에 의해 임원직이 상실된다는 점에서 실무상 가장 다툼이 많다.

해임의 방법과 관련하여, 도시정비법 제43조 제4항은 "조합임원은 제

44조제2항에도 불구하고 조합원 10분의 1 이상의 요구로 소집된 총회에서 조합원 과반수의 출석과 출석 조합원 과반수의 동의를 받아 해임할 수 있다. 이 경우 요구자 대표로 선출된 자가 해임총회의 소집 및 진행을 할 때에는 조합장의 권한을 대행한다"고 규정한다. 이와 같이 도시정비법이 소수조합원의 해임청구권을 인정하는 이유는, 조합임원에 대한 소수조합원들의 견제장치를 마련함으로써 조합임원의 자의와 전횡을 방지하고, 일반적인 총회보다 소집 요건을 완화하여 해임의결이 실현가능하도록 하기 위해서이다.

사임과 관련한 법률상 쟁점

1. 쟁점

민법상 위임계약에 따른 당사자 쌍방은 기간의 약정 유무, 유상 유무와 무관하게 언제든지 위임계약을 해지할 수 있다. 따라서 조합과 위임관계인 조합임원은 언제든지 조합에 사직서를 제출하는 등 사임의 의사표시를 할 수 있고, 법률관계를 종료시킬 수 있다.[61] 그리고 이러한 사임의 의사표시는 정관 등에 특별한 정함이 없는 한 이를 적법하게 수리할 기관에 도달함으로써 효력이 발생한다.

한편 사임의 경우, 임원 자의에 의해 임원직이 상실된다는 점에서 실무상 큰 쟁점이 되지는 않는다. 다만, 사임 의사표시를 철회여부, 사임한

---

61) 대법원 1992. 7. 24. 선고 92다749 판결

임원의 업무집행 권한 여부가 다툼이 된 적이 있으므로, 이에 대해 살펴보도록 한다.

2. 사임의 효력발생시기와 사임 의사표시 철회 가부

조합임원이 사직서를 제출하였다가 곧바로 사임의사를 번복하여 이를 철회하는 경우가 있다. 이때 임원의 사임의 의사표시는 철회가 가능할까? 이는 사임의 의사표시의 효력발생시기와 관련된 문제이다.

(1) 효력발생시기 원칙 - 의사표시가 도달한 때

사임은 상대방 있는 단독행위로서 의사표시가 상대방에게 도달하면 그와 동시에 효력이 발생한다. 조합이사의 사임서에 인감증명서와 주민등록초본이 첨부되지 않아 사임의 효력이 발생하지 않았다고 다투어진 사안에서, 법원은 "이사의 사임서가 조합에게 그 무렵 도달함으로써 내용증명 우편물이 발송되고 달리 반송되지 아니하였다면 특별한 사정이 없는 한 이는 그 무렵에 송달되었다고 봄이 상당하고 (중략) 사임의 의사표시가 도달한 이상, 사임 의사표시 효력발생이 제한된다고 할 수 있다"고 판시하였다.[62]

---

62) 서울남부지방법원 2019. 6. 14. 선고 2018가합450 판결

즉 사임의 의사표시가 효력을 발생한 후에는 마음대로 이를 철회할 수 없다. [63] 따라서 사임에 대한 등기가 마쳐지지 아니한 경우에도 임원은 그 지위를 상실하고, [64] 이사회의 결의나 관할 관청의 승인이 있어야 하는 것도 아니다. [65]

(2) 예외 - 정관에 특별한 정함이 있는 경우 내지 사임의사가 즉각적이라고 볼 수 없는 특별한 사정이 있을 경우

대법원은 사임서 제시 당시 즉각적인 철회권유로 사임서 제출을 미루거나 대표자에게 사표의 처리를 일임하거나 사임서의 작성일자를 제출일 이후로 기재한 경우 등 사임의사가 즉각적이라고 볼 수 없는 특별한 사정이 있을 경우에는 별도의 사임서 제출이나 대표자의 수리행위 등이 있어야 사임의 효력이 발생하고, 그 이전에 사임의사를 철회할 수 있다고 본다. [66]

또한 법인이 정관에서 이사의 사임절차나 사임의 의사표시의 효력발생시기 등에 관하여 특별한 규정을 둔 경우에는 그에 따라야 하고, 이사의 사임의 의사표시가 법인의 대표자에게 도달하였다고 하더라도 그와 같은 사정만으로 곧바로 사임의 효력이 발생하는 것은 아니라고 판시하

---

63) 대법원 2008. 9. 25. 선고 2007다17109 판결
64) 대법원 2013. 9. 9.자 2013마1273 결정
65) 대법원 2003. 1. 10. 선고 2001다1171 판결
66) 대법원 2006. 6. 15. 선고 2004다10909 판결

였다.[67]

따라서 임원은 사임의 의사표시를 하였더라도 정관에 사임의 효력시기를 별도로 정하였다면 그 시기 전에는 사임의사를 자유롭게 철회할 수 있다.[68] 가령 조합정관 내지 업무처리규정에서 "임원은 서면으로 보고하여 이사회의 의결로서 사임할 수 있다"고 규정한다면 이사회에서 의결이 있어야 비로소 사임의 효력이 발생하는 것이므로 그 이전에 철회가 가능하다. 그 밖에 정관에 별도의 사임서 제출이나 대표자의 수리행위 등이 있어야 사임의 효력이 발생한다고 명시한 경우, 그 효력 발생 이전에 사임의사를 철회할 수 있다.

3. 사임한 임원의 업무집행 권한

민법상 법인과 그 기관의 관계는 위임자와 수임자의 법률관계와 같은 것으로서 임원의 임기가 만료되거나 사임하면 일단 그 위임관계는 종료되는 것이 원칙이나, 다만 후임 임원의 선임 시까지 법률상 또는 정관상 정해진 숫자의 임원이 존재하지 않거나 후임 임원을 선출하였으나 선임총회 결의가 무효판결로 확정된 경우, 기관에 의하여 행위를 할 수밖에

---

67)   대법원 2008. 9. 25. 선고 2007다17109 판결
68)   대법원 2008. 9. 25. 선고 2007다17109 판결

없는 조합으로서는 당장 정상적인 활동을 중단하지 않을 수 없는 상태에 처하게 되고, 이는 민법 제691조에 규정된 급박한 사정이 있는 때와 같이 볼 수 있다. 따라서 사임한 임원이라고 할지라도 그 임무를 수행함이 부적당하다고 인정할 만한 특별한 사정이 없는 한 신임 임원이 선임될 때까지 임원의 직무를 계속 수행할 수 있다.[69]

4. 사임으로 인한 퇴임등기 여부

조합의 임원이 사임한 경우 임원변경등기를 하여야 한다. 그런데 대법원은 상법상 이사가 임기의 만료나 사임에 의하여 퇴임함으로 말미암아 법률 또는 정관에 정한 대표이사나 이사의 원수(최저인원수 또는 특정한 인원수)를 채우지 못하게 되는 결과가 일어나는 경우에 그 퇴임한 이사는 새로 선임된 이사(후임이사)가 취임할 때까지 이사로서의 권리의무가 있는 것으로 보아 이러한 경우에는 후임이사가 취임하기 전에는 퇴임한 이사의 퇴임등기만을 따로 신청할 수 없다고 본다.[70]

이는 임기의 만료나 사임으로 퇴임한 이사가 법률 또는 정관에 규정된 이사의 정원의 일시적 흠결을 메워 주기 위하여 계속 이사의 권리의

69) 대법원 1996. 1. 26. 선고 95다40915 판결, 대법원 1982. 3. 9. 선고 81다614 판결
70) 대법원 2007. 6. 19. 자 2007마311 결정, 대법원 2005. 3. 8. 자 2004마800 전원합의체 결정

무를 가지게 됨에도 불구하고 그 이사에 관한 퇴임등기를 하게 되면, 이사의 권리의무가 유지됨에도 불구하고 그렇지 않은 것처럼 실제와 다른 내용을 등기부에 공시하는 결과가 되어 등기제도의 올바른 운용이라는 목적에 배치될 우려가 있기 때문에, 오히려 이 경우에는 후임이사가 취임할 때까지 그 퇴임한 이사가 여전히 이사의 권리의무를 가짐을 공시하기 위하여 이사로서의 등기를 일시 유지하는 것이 타당하다고 보기 때문이다.[71] 실무에서 청산인이 사임을 원하지만, 후임 청산인이 없는 등의 사유로 청산인으로서 권리의무가 있는 것으로 보아 퇴임등기를 신청할 수 없는 경우가 있다. 이때 청산인은 법원을 통해 일시 청산인을 선임하여 일시 청산인에게 사임의 의사표시를 함과 동시에 퇴임등기를 진행할 수 있을 것이다.

---

71)   서울중앙지방법원 2019. 6. 13. 선고 2018가합552597 판결

해임총회의 소집절차와 관련한
법률상 쟁점

1. 쟁점

조합임원을 해임하기 위해서는 조합원 10분의 1 이상의 요구로 소집된 총회에서 조합원 과반수의 출석과 출석 조합원 과반수의 동의를 받아야 한다. 이때 요구자 대표로 선출된 자가 해임총회의 소집 및 진행을 할 때에는 의장이 되어 조합장의 권한을 대행한다.[72] 해임총회는 그 목적이 임원의 해임을 위한 것이라는 점에서 일반 총회와 차이가 있을 뿐이고, 총회 소집공고 및 통지절차 등 총회의 진행과 관련한 절차는 일반 총회와 다를 것이 없다. 따라서 해임총회 요구자 대표는 도시정비법 제44조 제4항에 따라 총회가 개최되기 7일 전까지 회의목적·안건·일시

---

[72] 법 제43조 제4항

및 장소를 정하여 조합원에게 통지하여야 하고, 그 밖에 총회 소집과 관련하여 조합 정관에 규정된 절차를 준수해야 한다.

한편 해임은 소수 조합원들의 요청에 따라 강제적으로 임원직이 상실된다는 점에서 실무상 가장 다툼이 많은 부분이므로, 아래에서는 해임총회의 소집절차와 관련한 법적 쟁점들을 살펴보고자 한다.

2. 해임총회의 절차와 관련한 법적 쟁점

(1) 조합임원 해임총회에서 조합원 10% 직접참석 필요여부

총회에서 안건이 의결되기 위해서는 조합원 100분의 10 이상의 직접출석이 필요한데[73] 해임총회에도 이러한 요건이 충족되어야 할까. 이에 대해 과거 하급심 판결이 나뉘었으나 '해임총회는 도시정비법상 직접출석 규정이 적용되지 않는다'는 대법원의 2014년경 판결에 따라 논란이 일단락되었다. 그러나 2017. 2. 8. 도시정비법이 전면 개정되면서 해임총회의 경우에도 직접출석 요건이 충족되어야 한다는 주장이 다시 대두되고 있다.

---

73)　법 제45조 제7항

1) 직접출석 규정이 적용된다는 하급심 법원의 판결[74]

서울고등법원은 "도시정비법 제23조 제4항[75]은 총회의 소집권한과 요건에 관하여 규정하고 있는 같은 법 제24조 제2항[76]의 특별규정으로 봄이 상당한 점, 제24조 제5항 단서[77]는 2009. 5. 27. 법률 제9729호로 신설되어 같은 해 11. 28.부터 시행되었으므로, 2009. 2. 6. 법률 제9444호로 개정되어 같은 날부터 시행된 같은 법 제23조 제4항이 예정하고 있던 규정이 아님이 명백한 점 등을 고려하면, 같은 법 제24조 제5항 단서의 규정은 제23조 제4항에 의하여 소집된 총회의 경우에도 적용된다고 할 것이다"라고 판단하여 해임총회에도 조합원의 100분의 10 이상이 직접 출석해야 한다고 보았다. 그러나 위 판결은 상고심에서 아래와 같이 그

---

74) 서울고등법원 2011. 12. 13. 선고 2011나22193 판결

75) 위 판결에 인용된 구 도시정비법 제23조(현행법 제43조 제4항)

① 내지 ③ 생략

④ 조합임원의 해임은 제24조에도 불구하고 조합원 10분의 1 이상의 발의로 소집된 총회에서 조합원 과반수의 출석과 출석 조합원 과반수의 동의를 얻어 할 수 있다. 이 경우 발의자 대표로 선출된 자가 해임 총회의 소집 및 진행에 있어 조합장의 권한을 대행한다.

위 판결에 인용된 구 도시정비법 제24조(총회개최 및 의결사항)

① 조합에 조합원으로 구성되는 총회를 둔다.

② 총회는 제23조제4항의 경우를 제외하고는 조합장의 직권 또는 조합원 5분의 1 이상 또는 대의원 3분의 2 이상의 요구로 조합장이 소집한다. 〈개정 2009. 2. 6〉

③ 내지 ④ 생략

⑤ 총회의 소집절차·시기 및 의결방법 등에 관하여는 정관으로 정한다. 다만, 총회에서 의결을 하는 경우 조합원의 100분의 10 이상이 직접 출석하여야 한다.

76) 현행법 제44조 제2항

77) 현행법 제45조 제7항

입장이 바뀌었다.

2) 직접참석 규정이 적용되지 않는다는 대법원 판결[78]

대법원은 "구 도시정비법 제23조 제4항, 제24조의 규정 내용과 그 각 규정의 개정 내역 등을 종합하여 보면, 구 도시정비법 제23조 제4항은 조합원 10분의 1 이상의 발의로 조합임원을 해임하는 경우에 관한 특별 규정으로서 위 규정에 따라 조합임원의 해임을 위하여 소집된 조합 총회의 경우에는 그 해임결의를 위하여 조합원 과반수의 출석과 출석 조합원 과반수의 동의만 있으면 되는 것이지 여기에 구 도시정비법 제24조 제5항 단서에 따라 조합원의 100분의 10 이상이 직접 출석하는 것까지 요구되는 것은 아니라고 할 것이다"라고 판단하였다.

3) 검토(개정 도시정비법과 비교)

해임총회 개최에 직접참석 규정이 적용되지 않는다는 위 대법원 판결의 주요 논거 중 하나는 구 도시정비법(2012. 2. 1. 도시정비법 제11293호로 개정되기 전의 것, 이하 '구 도시정비법'이라 함)에서 해임총회 발의 및 의결에 관한 규정인 법 제23조 제4항이 명문으로 제24조 전체의 적용을 배제하고 있기 때문에, 총회의 의결방법에 관한 규정인 구 도시정비법 제24조 제5항 단서규정(100분의 10 직접참석에 관한 규정)도 그 적용이 배제된

---

78)　대법원 2014. 9. 4. 선고 2012다4145 판결

다는 것이었다.

그런데 2017. 2. 8. 도시정비법이 전면개정되었고, 해임총회에 관한 현행 도시정비법 제43조 제4항은 "조합임원은 제44조 제2항에도 불구하고"라고 규정하였다. 이에 따라 해임총회는 도시정비법 제44조 제2항만을 명확히 배제하고 있다는 점을 근거로 더 이상 위 대법원 판례의 논거가 유지될 수 없고, 해임총회의 소집에 있어서도 법 제45조 제6항 본문의 규정(100분의 10 직접출석 요구 규정)이 적용된다고 보는 견해가 나왔다.

사견으로는, 도시정비법에서 직접참석 요건을 규정한 이유는 총회의 결 시 조합원의 의사를 명확하게 반영하고자 한 것인데, 해임총회의 경우 이미 소집단계에서부터 조합원 10분의 1 이상의 발의를 요건으로 하고 있으므로 조합원의 의사를 충분히 반영하였다고 볼 수 있는 점 등에 비추어, 해임총회는 직접참석요건이 적용되지 않는다고 본다. 다만 이는 지극히 개인적 견해에 불과하고, 해임총회에 직접출석 규정의 적용 여부는 여전히 실무상 견해가 대립하므로, 소수조합원은 해임총회 개최 시 100분의 10 직접참석 요건을 충족하여, 분쟁에 휘말리지 않도록 노력할 필요가 있다.

(2) 조합임원을 해임시키기 위하여 해임사유의 필요여부

표준정관 제18조 제1항은 임원이 직무유기, 태만 또는 관계법령 및 정관에 위반하여 조합에 부당한 손해를 초래한 경우에 해임할 수 있다는 규정한다. 그리고 거의 대부분의 조합이 정관을 제정 시 표준정관의 위 내용을 그대로 따르면서 해임총회의 개최를 제한하고 있다. 그렇다면 조합임원을 해임시키기 위해서는 위 해임사유가 존재해야 하는 것일까.

이와 관련하여 도시정비법에서 조합임원의 해임에 관한 사항을 정관에 정하도록 규정하고 있고, 단체법적 법률관계를 규율하는 조합정관이 임원의 해임사유를 규정한 경우 도시정비법과 정관에서 정한 절차적 요건을 갖추어 조합임원에 대한 해임결의를 할 수 있다는 이유로 해임사유의 필요성을 인정한 하급심 판결이 있다.[79]

그러나 주류적인 판결은 해임사유 불요설의 태도를 취한다. 이는 도시정비법이 해임사유에 관하여 아무런 제한을 두지 않은 것은 조합임원과 조합 사이의 신뢰관계가 파탄되어 조합원 다수가 새로운 임원을 선출하기를 원하고 있음에도 조합임원의 해임이 곤란한 경우가 있었던 폐단을 없애고자 정관으로 조합임원의 해임사유를 제한하지 못하도록 명문화한 것이므로, 조합은 그 사유의 여하를 불문하고 '조합원 10분의 1 이상의 발의로 소집된 총회에서 조합원 과반수의 출석과 출석 조합원

---

[79] 그러나 위 결정은 항고심인 서울고등법원에서 해임사유가 불요하다는 이유로 판단하였다.

과반수의 동의'로 채무자 조합의 임원들을 해임할 수 있다고 본다.[80]

조합임원의 선출은 다수당사자인 조합원들이 조합임원에게 조합 사무의 처리를 위탁하고, 조합임원이 이를 승낙함으로써 성립하는 민법상 위임계약이다. 이러한 위임계약은 위임인과 사이에 일종의 신임관계에 기초하여 성립하고, 그 관계의 본질상 신뢰관계가 훼손되면 그 계약을 해지할 수 있어야 한다. 그렇다면 해임사유를 규정한 조합 정관은 해임의 예시적인 사유에 불과하고, 조합은 그 사유에 구애되지 않고 조합임원 해임총회를 개최할 수 있다고 봄이 타당하다.

(3) 청문 또는 소명기회를 부여해야 하는지 여부

재건축정비사업조합 표준정관은 '임원이 직무유기 및 태만 또는 관계 법령 및 이 정관에 위반하여 조합에 부당한 손해를 초래한 경우에는 해임할 수 있다. 이 경우 사전에 해당 임원에 대해 청문 등 소명기회를 부여하여야 하며, 청문 등 소명기회를 부여하였음에도 이에 응하지 아니한 경우에는 소명기회를 부여한 것으로 본다'고 규정한다. 때문에 임원 해임 시 청문 또는 소명 기회를 부여해야 하는지 문제된다.

대부분의 하급심 법원은 도시정비법상 해임총회에 관한 규정이 조합

---

80) 서울동부지방법원 2011카합216 결정, 서울북부지방법원 2017. 6. 15. 선고 2016가합 25571 판결, 대구고등법원 2019. 1. 16. 선고 2018나23880 판결

원들의 의사에 따른 조합임원의 해임을 용이하게 하기 위한 것으로 특별히 다른 법에 규정이 없는 한 해임하려는 조합임원들에게 소명의 기회를 부여할 필요는 없고, 해임에 관한 총회가 개최되는 사실을 안 이상 총회에 참석하여 자신들의 의견을 충분히 밝힐 수 있는 기회를 가졌다고 본다.[81] 따라서 소명의 기회를 부여하지 아니하였다는 이유만으로 해임총회 결의의 무효를 주장하기는 어렵다.

---

[81] 대구지방법원 2014. 6. 19. 선고 2013가합7107 판결, 부산고등법원 2015. 10. 21. 선고 2014나8271 판결

해임총회에서 새로운 임원선임을 결의할 수 있는지 여부

1. 쟁점

조합은 임원이 해임되면 후속 절차로 새로운 임원을 선임하여야 한다. 그렇다면 조합은 신속한 조합 정상화를 위하여 해임총회에서 종전 임원을 해임하는 동시에 새로운 임원을 선출하는 결의를 할 수 있을까.

2. 해임총회에서 새로운 임원선임결의 가부

도시정비법 해임총회에 관한 규정은 조합원 10분의 1 이상의 발의로 조합장의 소집을 통하지 아니하고 발의자 대표로 선출된 자가 조합장의 권한을 대행하여 해임총회를 개최할 수 있도록 한다. 이처럼 소수조합원의 해임청구권을 인정하는 이유는, 조합임원에 대한 조합원들의 견제장치를 마련함으로써 조합임원의 자의와 전횡을 방지하고, 일반적인 총회보다 완화하여 해임을 위한 총회소집과 해임의결이 보다 실현가능하도록 한 것이다.

따라서 도시정비법 제43조 제4항에 의하여 개최된 총회에서 할 수 있는 결의는 조합임원의 해임에 한정된다. 만약 신임 임원에 대한 선임 결의를 하였다면, 임시총회는 도시정비법이 조합원들에 대하여 조합장에 의한 소집절차를 거치지 아니하고 조합임원에 대한 해임결의를 할 수 있도록 규정한 법령의 취지를 넘어선 것이거나, 도시정비법 제43조 제4항에 의하여 조합원들에게 부여된 권한을 남용한 것으로 위법하다. [82]

---

82) 서울고등법원 2011. 12. 13. 선고 2011나22193 판결

대의원의 해임절차와
조합임원 해임절차의 구별

1. 쟁점

도시정비법상 조합임원은 조합장, 이사, 감사에 한하므로, 대의원은
임원이 아니다.

그러나 대의원은 임원과 마찬가지로 총회에서 선출되고, 총회에서 의
결하지 못하는 여러 조합 업무를 처리하는 등 막중한 책임이 있다. 그렇
다면 대의원이 비위 행위를 저지르는 경우 조합원들은 도시정비법상 조
합임원에 대한 해임총회 규정을 준용하여 대의원을 해임시킬 수 있을까?

2. 대의원 해임절차와 조합임원 해임절차의 구별

'총회는 조합장의 직권 또는 조합원 5분의 1 이상 또는 대의원 3분의 2 이상의 요구로 조합장이 소집한다'고 규정한 도시정비법 제44조 제2항 에도 불구하고, 임원의 해임은 조합원 10분의 1 이상의 발의로 소집된 총회에서 조합원 과반수의 출석과 출석조합원 과반수의 동의를 얻어 할 수 있다.[83] 다만 이와 같은 도시정비법 제43조 제4항은 임원의 해임에 관한 총회에 적용되는 규정이므로, 임원에 해당하지 않는 대의원 해임 에 관한 총회에 있어서는 직접 적용되지 않는다. 하급심 법원 역시 동일 한 취지로 판단하였다.[84]

결국 도시정비법 해석상 대의원 해임을 위한 총회를 개최하기 위해서 는 원칙으로 돌아가 조합장이 필요에 의하여 총회를 소집하거나 조합원 5분의 1 이상이 총회의 목적사항을 제시하여 청구하였음에도 조합장 및 감사가 총회를 소집하지 아니하여 소집청구자의 대표가 구청장의 승인 을 얻어 총회를 소집하는 등 통상적인 총회소집절차를 거쳐야 한다.

따라서 만약 임원 해임을 위해 개최된 총회에서 대의원의 해임에 관 한 안건을 의결한다면, 이는 총회소집요건이 갖추어지지 아니하여 소집 권한 없는 자에 의하여 소집된 총회에서 이루어진 것으로, 대의원 해임 결의는 의결절차의 하자로 인하여 효력이 없다고 보아야 한다.

---

83) 법 제43조 제4항
84) 서울남부지방법원 2017. 10. 19. 선고 2017가합104164 판결

무산된 해임총회비용 조합에 청구할 수 있을까

1. 쟁점

통상 총회를 개최하기 위해서는 조합 규모에 따라 수천만원에서 수억원까지 비용이 지출된다. 마찬가지로 조합임원을 해임시키기 위한 총회역시 소집절차 내지 공고 과정에서 비용이 지출된다. 이때 해임안건이의결되었다면 해임총회 발의자 대표는 이후 새롭게 선임된 임원들에게그 비용의 지출을 보전해 줄 것을 요청하여 비용을 보전받을 수 있다. 다만 해임안건이 부결된 경우 이 비용을 어떻게 처리할 것인지 문제된다. 요구자 대표는 해임총회 역시 도시정비법상 총회이므로 그 개최 및 진행비용은 조합이 부담해야 한다고 주장한다. 이에 대해 조합은 해임총회 소집절차상의 흠결이나 의사정족수 미달로 인한 해임안건의 부결을이유로 조합이 그러한 비용을 상환할 의무가 없다고 반박한다.

이와 같이 해임안건이 부결되거나 해임총회에 절차적·실체적 하자가 있는 경우, 조합이 해임총회 관련 비용을 상환해 줄 필요가 없는 것인지 아니면 조합이 해임총회 관련 비용을 상환할 의무가 있는지 여부가 문제된다.

2. 비용상환 의무의 인정여부

해임총회 발의자 대표가 절차적으로 하자가 있는 해임총회를 개최하고, 조합에 그 비용을 청구한 사안에서, 법원은 '해임총회 요구자 대표가 도시정비법에 따라 조합임원의 해임을 위해 총회를 소집하고 그 총회를 진행하면서 필요한 비용을 지출하였다면, 이는 조합이 지출해야 하는 비용을 조합을 위해 해임총회 요구자 대표가 대신 지출한 것이므로 조합은 그 대표에게 그 비용을 상환할 의무가 있다'고 보았다.[85]

구체적인 근거로는 다음과 같다. ① 해임총회에 관한 도시정비법 규정은[86] 조합임원을 해임하기 위한 사유를 따로 정하거나 조합임원의 해임에 관한 사항을 정관에 위임하지 않고 일정한 의결정족수가 충족되면

---

85) 대법원 2019. 2. 14. 선고 2018다291002 판결, 서울고등법원 2018. 10. 5. 선고 2027278 판결
86) 법 제43조 제4항

조합임원을 해임할 수 있다고만 규정하여 해임에 관해 아무런 제한을 두고 있지 않다. ② 조합임원과 조합 사이의 관계는 민법상 위임에 해당하는데 민법 제689조 제1항은 당사자로 하여금 자유로이 위임계약을 해지할 수 있도록 규정하고 있고, 위임관계에 있어서는 서로 간의 신뢰관계가 무엇보다 중시되어야 할 것이어서, 만일 그 신뢰관계가 파탄되어 조합원 다수가 현 임원 대신 새로운 임원을 선출하기를 원할 경우에는 조합원 총회에서 다수의 의사에 따라 언제든지 그 임원을 해임하고 다른 조합원을 임원으로 선임할 수 있도록 함이 바람직해 보이는 점 등에 비추어 보면, 위 도시정비법 규정의 취지는 조합임원에 대한 조합원들의 견제장치를 마련함으로써 조합임원의 자의와 전횡을 방지하고자 하는 데 있다.

다만, 도시정비법상 소수조합원의 요구만으로도 해임총회 개최가 수월하다는 점, 해임총회 개최 시 해임사유의 제한이 없다는 점을 고려할 때 위 판결로 해임총회 개최가 남발될 우려도 있다.

3. 비용상환 의무의 범위

조합이 해임총회 요구자 대표에게 상환해야 할 비용은 해임총회 소집공고일부터 해임총회개최 준비를 위해 지출된 비용과 해임총회개최 자체를 위해 지출된 비용 중 해임총회 소집 및 진행과 관련이 있는 비용으로서 상당하다고 인정되는 범위로 한정되어야 한다. 따라서 해임총회 요구자 대표가 지출한 변호사 비용은 조합 명의로 변호사 위임계약을 체결한 것도 아니고 설령 그렇다고 해도 그 계약은 예산으로 정한 사항 외에 조합원에게 부담이 되는 계약이므로 총회의 의결이 필요한데, 사전 또는 사후에 총회 의결을 거쳤음을 인정할 증거가 없으므로, 이러한 변호사 비용은 상환대상 비용이 아니다. 그리고 해임총회 소집공고일 이전까지 지출된 비용과 해임총회 이후 지출된 비용 중 해임총회 개최 및 진행비용으로 인정되는 비용 이외에는 상환대상 비용에 해당하지 않는다.

해임총회와 같은 시간 다른 장소에서
조합임시총회를 개최할 수 있을까

1. 쟁점

도시정비법에는 조합원 10분의 1 이상의 요구로 소집된 총회에서 조합원 과반수의 출석과 출석 조합원 과반수의 동의를 받아 조합임원을 해임할 수 있고, 이 경우 요구자 대표로 선출된 자는 조합장의 권한을 대행해서 총회 소집과 진행을 할 수 있도록 하는 규정을 두고 있다.[87] 이 규정은 조합임원의 해임을 위한 임시총회의 요구 요건·의결정족수·소집 및 진행권자를 정함으로써 정관으로 조합임원의 해임절차를 까다롭게 하는 것을 막고 소수 조합원이 직접 임시총회를 소집할 수 있도록 하

---

87)   법 제43조 제4항

기 위하는데 그 취지가 있는 강행규정에 해당한다.[88]

   그런데 조합원 10분의 1 이상의 요구로 조합임원 해임에 관한 임시총회 개최공고가 있은 후, 조합이 그 해임총회와 같은 일시에 임시총회 개최공고를 하면서 조합임원 해임에 관한 임시총회개최금지가처분 신청을 하는 경우가 있다. 이 경우 통상 해임총회 요구자 측에서도 조합을 상대로 임시총회개최금지가처분을 신청한다. 이랬을 때, 조합 측에서는 해임총회와 같은 일시에 임시총회를 개최하더라도 그것이 적법한 절차에 의한 것이라면 문제될 게 없다는 취지로 주장할 것이고, 해임총회를 요구를 한 측에서는 해임총회 요구 대표자가 해임총회의 소집과 진행을 할 때는 조합장의 권한을 대행하는 것이므로 조합 대표자는 같은 일시에 또 다른 총회를 개최할 수 없고, 이러한 조합 측의 총회 개최공고는 조합임원 해임을 위한 조원들의 총회 요구권을 침해하는 것으로써 이는 강행규정인 도시정비법 제43조 제4항의 입법취지를 몰각시키는 것이 될 뿐만 아니라, 이렇게 되면 조합원 입장에서는 어느 한 총회에만 참석할 수밖에 없는 상황이 되어 조합원들의 고유권인 총회 참석권, 발언권, 의결권을 침해하는 심각한 결과가 초래된다는 취지로 주장할 것이다. 이처럼 양측의 주장이 팽팽하게 맞서는 상황에서 법원은 과연 누구의 손을 들어줘야 할까?

---

88)   서울동부지방법원 2011. 1. 28 선고 2010가합11017 판결

2. 관련 사례

대법원은 앞서 본 사안과 유사한 종중사건에서 "종중 정관 규정에 따른 소수 대의원이 법원의 허가를 받아서 임시총회를 소집한 경우, 이는 종중의 기관으로서 소집하는 것으로 보아야 하므로, 종중의 대표자라도 위 소수의 대의원이 법원의 허가를 받아 소집한 임시총회의 기일과 같은 기일에 다른 임시총회를 소집할 권한은 없다"고 판시한 바 있다.[89]

이러한 대법원 판례를 기초로, 조합임원 해임에 관한 임시총회 개최 공고가 있은 후, 조합이 그 해임총회와 같은 일시에 임시총회 개최공고를 한 것에 대해, 해임총회를 요구자 측에서 조합을 상대로 임시총회개최금지가처분을 신청한 사안에서 하급심은 "도시정비법[90]의 요건을 갖추어 발의자 대표가 조합임원 해임을 위한 임시총회를 적법하게 소집한 경우, 이는 조합의 기관으로서 소집하는 것으로 보아야 할 것이고, 조합의 대표자라도 위 발의자 대표가 소집한 임시총회의 기일과 같은 기일에 다른 임시총회를 소집할 권한은 없다"는 이유에서, 조합 측의 임시총회는 "소집권한 없는 자에 의해 소집되어 부적법하다고 봄이 상당하다"고 판시했고, 주문에서는 패소로 인한 소송비용을 조합이 아닌 조합장

---

89) 대법원 1993. 10. 12 선고 92다50799 판결
90) 법 제43조 제4항

이 부담하도록 했다.[91] 위와 유사한 사건에서 또 다른 하급심도 같은 취지로 판단했다.[92]

---

91) 서울중앙지방법원 2014. 2. 11.자 20014카합153 결정, 서울중앙지방법원 2014. 2. 11.자 2014카합199 결정

92) 의정부지방법원 고양지원 2018. 10. 12.자 2018카합5194 결정

임원의 해임을 청구하는 소송을
제기할 수 있을까

1. 쟁점

조합임원이 정관에 기재된 해임사유에 해당하는 비위행위를 저지르는 경우가 있다. 이때, 조합원은 위 사실을 증거로 하여 조합임원에 대한 해임결의 없이 법원에 해임청구의 소를 제기하거나 직무집행정지가처분을 제기할 수 있을까?

2. 임원의 비위사실을 이유로 해임청구의 소를 제기할 수 있는지 여부

기존 법률관계의 변경·형성을 목적으로 하는 소를 형성의 소라고 한다. 이는 법률관계의 변경을 사인에게 맡기지 않고 판결에 의해 획일적으로 정할 필요가 있을 때 청구하게 되는 것으로, 법률에 명문의 규정이 있는 경우에 한하여 인정된다.

그런데, 조합의 임원이 조합업무에 관하여 위법행위 및 정관위배행위 등을 하였다는 이유로 그 해임을 청구하는 소송은 형성의 소에 해당하므로, 명문의 규정이 필요하다. 그런데 도시정비법에는 이를 제기할 수 있는 명문의 법적 근거가 없으므로, 조합의 임원에 대한 해임청구의 소는 허용될 수 없다.[93]

3. 임원의 비위사실을 이유로 직무집행정지가처분을 신청할 수 있는지 여부

임시의 지위를 정하는 가처분 신청이 받아들여지기 위해서는 우선 피보전권리인 다툼 있는 권리관계가 존재하여야 한다. 조합장직무집행정지 가처분신청 사건에서의 다툼 있는 권리관계는 조합장으로서의 지위에 대한 법률상 다툼이다. 이러한 법률상 다툼은 조합의 정관이나 법률에 그 근거를 둔 것이어야 한다. 그런데 앞서 살펴본 바와 같이, 해임을 청구하는 소송은 형성의 소에 해당하고, 이를 허용하는 법적 근거가 없다. 따라서 조합장의 자의적인 조합운영, 비민주성, 조합원에게 불이익

---

93)   대법원 2001. 1. 16. 선고 2000다45020 판결

한 약정의 일방적 체결, 총회개최 요구 조합원들의 요구 무시 등 권한남
용 및 배임적 행위 등을 이유로 조합원들이 직무집행정지 가처분을 신
청하더라도, 이는 민법 기타 법률상으로도 아무런 근거가 없는 것이므
로 허용되지 않는다.[94]

---

[94] 대법원 1966. 12. 19.자 66마516 결정, 서울고등법원 95라106 판결

해임된 조합장의 업무수행 가부

1. 쟁점

조합과 조합장의 관계는 위임자와 수임자의 법률관계로서 임기가 만료되거나 사임하면 일단 그 위임관계는 종료되는 것이 원칙이다. 다만 민법 제691조에 규정에 따라 사임 또는 퇴임한 조합장도 그 임무를 수행함이 부적당하다고 인정할 만한 특별한 사정이 없는 한 신임 조합장이 선임될 때까지 직무를 계속 수행할 수 있다.[95]

그렇다면 해임된 조합장은 해임 사실에도 불구하고, 새로운 조합장이 선출될 때까지 또는 이사회, 대의원회의 직무수행금지 의결에 있을 때

---

[95] 대법원 1996. 1. 26. 선고, 95다40915, 판결, 대법원 1982. 3. 9. 선고 81다614 판결

까지 직무수행을 계속할 수 있을까?

2. 별도의 직무집행정지 결의가 없는 경우, 조합장의 업무수행권 인정 여부

(1) 업무수행권을 긍정하는 견해

통상 조합은 정관에 "사임하거나 또는 해임되는 임원이 새로운 임원이 선임, 취임할 때까지 직무를 수행하는 것이 적합하지 아니하다고 인정될 때에는 이사회 또는 대의원회의 의결에 따라 그의 직무수행을 정지하고 조합장이 임원의 직무를 수행할 자를 임시로 선임할 수 있다"고 규정하므로, 설사 조합장에 대한 해임결의가 적법하게 이루어졌다 하더라도 조합의 이사회 또는 대의원회의 의결에 따라 그 직무수행이 정지되지 아니하는 한 새로운 조합장이 선임, 취임하기 전까지는 해임된 조합장이 계속하여 조합장으로서의 직무를 수행할 수 있는 것으로 보는 것이 타당하다는 견해이다.[96]

---

96)   서울고등법원 2005. 5. 7.자 2004라697 결정, 서울북부지방법원 2012. 5. 18.자 2012카합 359 결정

(2) 업무수행권을 부정하는 견해

업무수행권을 부정하는 견해의 주된 논거는 다음과 같다.

① '이사가 사임하거나 임기가 만료되는 경우'에는 민법 제691조에 규정에 따라 긴급처리권을 부여받아 일부 직무를 수행할 수 있는 있으나, 그렇다고 하더라도 조합임원의 부당한 업무집행을 이유로 조합원들의 결의로 조합임원이 해임되는 경우에 조합 정관 내지 민법 제691조에 따른 긴급처리권이 있다고 보기는 어렵다.[97]

② 또한 민법 제691조를 유추적용하여 인정되는 퇴임임원의 긴급처리권은 급박한 사정을 해소하기 위하여 그로 하여금 업무를 수행하게 할 필요가 있는지를 개별적·구체적으로 가려서 인정되는 것이지 임기만료 후 후임자가 아직 선출되지 않았다는 사정만으로 당연히 포괄적으로 부여되는 것도 아니다.[98]

③ 조합 정관에 "임원이 사임하거나 해임되는 경우에는 새로운 임원이 선임, 취임할 때까지 직무를 수행하는 것이 적합하지 아니하다고 인정될 때에는 이사회 또는 대의원회 의결에 따라 직무수행을 정지하고 조합장이 임원의 직무를 수행할 자를 임시로 선임할 수 있다. 다만 조합장이 사임하거나 해임되는 경우에는 감사가 직무를 수행할 자를 임시로 선임할 수 있다"고 규정하였더라도, 이를 두

---

97) 서울고등법원 2015. 1. 9. 선고 2014나31075 판결
98) 대법원 2006. 10. 27.자 2005마10 결정

고 총회에서 해임된 조합장의 직무수행을 정지하기 위하여 또 다시 이사회 또는 대의원회의 의결이 있어야 한다고 해석한다면, 이는 이사회 또는 대의원회의 의결로써 최고의사결정기관인 총회의 해임결의의 효력을 정지하는 결과를 초래하게 된다. 또한 이사회 또는 대의원회의 소집권자 역시 원칙적으로 조합장인 점 등을 고려하면, 위 정관 규정 단서 조항은 조합장이 총회의 의결로 해임되는 경우에는 이사회 또는 대의원회의 업무정지 의결을 기다릴 필요 없이 감사가 직무를 수행할 자를 임시로 선임할 수 있도록 한 규정으로 해석하는 것이 그 이후의 단체법적 법률관계의 안정과 통일을 위하여 타당하다.[99)]

(3) 검토

해임된 조합임원이 새로운 조합임원이 선출되지 않았음을 이유로 업무를 집행할 수 있는지에 관해 위와 같이 견해가 대립하나, 최근에는 해임된 임원의 직무집행권을 부정하는 하급심 판결이 다수이다. 따라서 주류적 해석에 따르면, 정관에서 해임되는 임원의 직무집행 정지에 관하여 이사회 또는 대의원회에서 결의할 수 있다고 규정하고 있다 하더라도 그와 같은 결의는 확인적 의미를 가진다고 볼 것이고 반드시 이사회 또는 대의원회의 결의로만 할 수 있는 것은 아니라고 할 것이다.

---

99) 서울북부지방법원 2018. 12. 20. 선고 2018가합491 판결

직무대행자선임 가처분 실무

1. 직무대행자의 변경 요청 인정 여부

　민사집행법 제305조 제1항은 가처분의 방법으로 "법원은 신청목적을 이루는 데 필요한 처분을 직권으로 정한다."고 규정하므로, 어떤 단체 대표자의 직무집행을 정지하고 그 대행자를 선임하는 가처분을 하는 경우 어느 특정한 사람을 그 직무대행자로 선임할 것인가는 법원의 자유재량에 속한다. 따라서 어떤 특정인을 직무대행자로 선임하여 달라고 요구하는 권리 내지 직무대행자의 변경, 개임신청권은 누구에게도 인정되지 아니한다. 다만 실무상 신청 당사자는 어느 특정인을 직무대행자로 선임해 달라는 취지의 신청서를 제출하는데, 이는 법원에 대하여 직권발동을 촉구하는 취지 정도에 불과하고, 개임신청권 없는 당사자들은 법

원의 개임 여부에 관한 처분에 대하여는 불복할 수 없다. [100)

2. 조합장의 직무대행자가 선임된 상태에서 적법하게 소집된 총회의 결의에 따라 새로운 조합장이 선출된 경우, 총회에서 선임된 후임 조합장이 대표권을 가지는지 여부

가처분재판에 의하여 법인 등 대표자의 직무대행자가 선임된 상태에서 피대행자의 후임자가 적법하게 소집된 총회의 결의에 따라 새로 선출되었다 해도 그 직무대행자의 권한은 위 총회의 결의에 의하여 당연히 소멸하는 것은 아니므로 사정변경 등을 이유로 가처분결정이 취소되지 않는 한 직무대행자만이 적법하게 법인 등을 대표할 수 있고, 총회에서 선임된 후임자는 그 선임결의의 적법 여부에 관계없이 대표권을 가지지 못한다. [101)

3. 사정변경에 의한 직무집행정지 및 직무대행자선임가처분의 취소 신청권자[102)

---

100) 대법원 1979. 7. 19.자 79마198 결정
101) 대법원 2010. 2. 11. 선고 2009다70395 판결
102) 대법원 1997. 10. 10. 선고 97다27404 판결

가처분결정이 있은 후 직무집행이 정지된 대표자의 임기가 만료되고 새로 단체의 대표자가 선임되었다면, 새로운 대표자의 선임이 그 효력이 없다는 등의 특별한 사정이 없는 한 직무집행이 정지된 위 대표자가 단체의 대표자로서의 직무집행을 계속하여 위 단체에 회복하기 어려운 손해를 입힐 가능성은 없어졌다 할 것이어서 위 가처분결정은 이를 더 이상 유지할 필요가 없는 사정변경이 생겼다고 할 것이다.[103]

법인 등 단체의 대표자 및 이사 등을 피신청인으로 하여 그 직무 집행을 정지하고 직무대행자를 선임하는 가처분이 있은 경우 그 후 사정변경이 있으면 그 가처분에 의하여 직무 집행이 정지된 대표자 등이 그 가처분의 취소신청을 할 수 있고, 이 경우 종전의 대표자 등이 사임하고 새로 대표자가 선임되었다고 하여도 가처분 사건의 당사자가 될 수 없는 법인 등은 그 가처분취소신청을 할 수 없다.

---

103) 대법원 1995. 3. 10. 선고 94다56708 판결

조합 운영상의
법률 문제

총회·이사회·대의원회의 구분과 역할

1. 쟁점

조합임원들의 주된 역할은 적절한 조합 운영을 통해 신속하고 원활한 정비사업의 추진을 도모하는 것이다. 이를 위해서는 우선 조합의 의사 결정과정이 어떻게 이루어지는지 이해해야 한다. 기본적으로 조합의 의사결정은 '조합장의 사업방향 설정 - 이사회의 개최 및 총회 상정 안건의 결정 - 대의원회의 사전심의 - 총회의 개최 및 조합원들의 의결'의 순서에 따른다. 조합은 그 자체로 단일한 법적 주체이지만, 실질적으로는 다수 조합원들로 구성된 결합체이므로 조합원들이 회의를 거쳐 사업과 관련한 사항에 대해 의사를 결정하고, 조합임원들이 이를 집행하게 된다.

즉 조합의 기본적 의사결정 주체는 조합원들이고, 이러한 조합원들이 모여 의사 결정하는 기구가 바로 총회이며, 총회를 보조하는 회의체가 이사회와 대의원회이다. 이에, 아래에서는 총회, 이사회와 대의원회가 어떻게 구분되고 각 역할과 권한이 무엇인지 살펴본다.

2. 총회

도시정비법 제44조는 '조합에는 조합원으로 구성되는 총회를 둔다'고 규정한다. 여기서 총회는 조합원 전원으로 구성되는 회의체이다. 총회에서는 조합원의 권리·의무에 영향을 미치는 사항, 조합의 운영과 관련한 기본적 사항을 결정된다. 이처럼 총회는 조합의 가장 본질적이고 중요한 사항을 결정하기 때문에 조합 최고 의사결정기관이자, 도시정비법에 따른 필요기관으로 정관에 의해서도 폐지할 수 없다.

3. 대의원회

조합은 원활한 운영을 위하여 매년 정기총회를 개최하고 경우에 따라 임시총회를 개최하여 사업과 관련된 사항을 결정한다. 그러나 총회를 개최하기까지 상당한 시간과비용이 소모되기 때문에, 조합은 대의원회를 두고 총회의 의결기능 중 일정부분 분담시킨다. 도시정비법은 대의원회를 조합원의 10분의 1 이상으로 구성하되, 조합원 수가 100명 이상인 조합은 필수적으로 대의원회를 두면서 조합원의 10분의 1의 범위에서 100명 이상으로 구성할 수 있도록 규정하였다.[104] 이와 같이 법이 대의원회의 숫자를 규정하는 이유는 총회의 권한대행기관으로서 조합원의 대표성을 확보하기 위해서다.

한편 총회와 대의원회는 의사결정기관이라는 점에서는 동일하나, 의결할 수 있는 사항이 구분된다. 조합원의 권리·의무에 영향을 미치는 중요한 사항이나 조합의 구성과 관련한 본질적 사항에 대해서는 총회가 직접 의결할 수 있을 뿐, 대의원회가 그 기능을 대신할 수 없다.[105]

4. 이사회

이사회는 이사 전원으로 구성되는 합의체 기관이다. 주로 총회에 상정할 안건을 사전에 결정하거나, 총회에서 결정된 안건을 집행하는 역할을 수행한다. 도시정비법에서는 이사회에 관해서 별도의 규정이 없기 때문에, 조합은 정관에서 이사회의 구성과 역할에 대해 정한다.

한편 이사회와 대의원회의 관계와 관련하여, 서울북부지방법원은 다음과 같이 판시하였다.[106] "정관에 따르면 이사회는 조합의 사무집행기

---

104) 법 제46조 제1항, 제2항
105) 시행령 제43조
106) 서울북부지방법원 2010. 7. 23.자 2010카합843 결정

관으로서 그 권한도 조합사무의 집행에 한정되고 집행행위에 해당하지 않는 사무는 조합의 의사결정기관인 총회 또는 대의원회로부터 위임받아야 할 수 있음이 원칙인 점, 채무자가 주장하는 위와 같은 이사회 결의 내용은 대의원회에서 내려야 할 의사결정을 갈음하는 내용인 점, 대의원회가 대표성, 구성원의 수, 기능 등에 있어 이사회보다 우위에 있는 점에 비추어 볼 때, 이사회가 대의원들의 의사결정에 관하여 대의원회의 의결 결과와 다른 내용으로 대의원회 개최 여부를 결정할 권한은 없다"

위 판결 이유에서 설시된 바와 같이 조합의 대표성 정도 또는 회의체가 가지는 기능적인 면에서 바라보면 이사회가 대의원회보다 우위에 있다고 할 수 없다. 다만, 이사회가 총회 및 대의원회 상정할 안건 자체를 결정할 수 있다는 점을 고려하면, 실무에서는 이사회의 영향력을 무시하기 어렵다.

총회 소집절차상의 쟁점

1. 쟁점

총회는 조합원의 권리·의무에 영향을 미치는 사항, 조합의 기본적 사항에 관한 의사결정을 담당하는 필요기관이자 조합 최고기관이다. 총회에서 결의된 안건이 제대로 효력을 가지기 위해서는, 절차적 적법성이 담보되어야 한다. 즉 권한 있는 자에 의해 소집된 적법한 총회에서 정관에 따른 의사정족수 및 의결정족수가 충족되어야만 총회의 결의가 유효하게 성립되었다고 볼 수 있다. 만약 절차적 하자로 인해 총회결의가 무효판결을 받는다면, 조합은 금전적 손실을 피할 수 없고 경우에 따라서는 사업이 무산될 수도 있다. 이에 조합임원들은 아래에서 보는 바와 같이 실무상 자주 다투어지는 총회의 소집절차상의 쟁점에 대해 미리 숙지하여야 한다.

2. 총회의 소집절차와 관련 쟁점

(1) 소집의 결정

총회는 조합장이 직권으로 소집한다. 또한 조합원 5분의 1 이상(정관의 기재사항 중 도시정비법 제40조 제1항 제6호에 따른 조합임원의 권리·의무·보수·선임방법·변경 및 해임에 관한 사항을 변경하기 위한 총회의 경우는 10분의 1 이상) 또는 대의원 3분의 2 이상의 총회 개최 요구가 있을 때에도 조합장은 임시총회를 소집하여야 한다.[107] 이와 같이 조합원들과 대의원들에게 총회소집청구권을 인정한 이유는, 총회를 소집해야 할 필요성이 있음에도 불구하고 조합장이 총회의 소집을 미루어 조합원들의 의사형성이 불가능하게 되는 경우를 방지하기 위해서다.

그런데 조합원 및 대의원의 요청에도 불구하고 조합장이 총회를 소집하지 아니할 가능성이 있다. 이러한 경우를 대비하여 조합은 통상 정관에 "조합장이 정당한 이유 없이 총회를 소집하지 아니하는 때에는 감사가 지체없이 총회를 소집하여야 하며, 감사가 소집하지 아니하는 때에는 소집을 청구한 자의 대표가 시장·군수의 승인을 얻어 총회를 소집한다"라는 규정을 두어 예외적으로 감사 또는 조합원들의 소집권을 인정하기도 한다.

이 밖에도 도시정비법은 조합임원의 사임, 해임 또는 임기만료 후 6개

---

107) 법 제44조 제2항

월 이상 조합임원이 선임되지 아니한 경우에는 시장·군수 등이 조합임원선출을 위한 총회를 소집할 수 있는 예외적 규정을 두고 있다.[108)]

(2) 소집 시기

총회는 소집 시기를 기준으로 정기총회와 임시총회로 나눌 수 있다. 정기총회는 재무제표의 승인 등을 위해서 매년 1회 이상 일정한 시기에 소집되는 총회를 말한다. 물론 조합임원의 선임 등 다른 의제도 함께 다룰 수 있다. 정기총회의 소집 시기는 정관에서 정하는데, 대개 결산기(회계연도 종료일)로부터 3개월 이내에 소집한다.

임시총회는 조합의 필요에 따라 수시로 소집되는 총회를 말하고, 정기총회는 소집 시기에서 차이가 있을 뿐 권한이나 절차에는 아무런 차이가 없다.

(3) 소집 통지와 공고

총회의 소집권자는 총회를 소집할 때 회의 개최 7일 전까지 등기우편으로 회의 목적, 안건, 일시 및 장소를 정하여 이를 통지하여야 한다.[109)] 소집통지에 기재되지 않은 사항을 결의한 때에 그 결의는 무효이다. 이는 조합원들에게 회의의 목적 사항에 대하여 사전에 알리고, 충분히 시

---

108) 법 제44조 제3항
109) 법 제44조 제4항

간을 갖고 검토하여 총회 참석하거나 의사를 결정하라는 취지로, 조합원의 토의권과 의결권을 보장하기 위한 것이다.

한편 통지의 효력발생 시기는 '발송한 때'이다. 원래 민법은 의사표시가 상대방에게 도달할 때 효력이 생긴다는 '도달주의'가 원칙이지만, 총회소집 통지가 1인 또는 수인에게 도달되지 않은 경우에 총회가 열리지 못하거나 무효로 될 수 있으므로 그 예외를 인정한 것이다. 예컨대 3월 9일에 총회를 열려면, 기간의 초일은 산입하지 않으므로 3월 8일부터 기산하여 1주일이 되는 3월 2일의 전일 중에 총회소집의 통지를 발송하여야 한다.

(4) 일시와 장소

총회의 일시와 소집장소는 조합원에 대한 통지·공고문에 기재하여야 하며, 조합원들의 참석의 편의를 고려하여 결정해야 한다.

통지 또는 공고된 소집장소에서 총회를 개최하는 것이 불가능하여 소집장소를 변경해야 할 경우와 관련하여, 판례는 주주총회의 소집과 관련된 사안에서 '당초의 소집장소에서 출석한 주주들로 하여금 변경된 장소에 모일 수 있도록 상당한 방법으로 알리고 이동에 필요한 조치를 취하였다면 적법하게 소집장소가 변경된 것으로 본다'고 판시하였다.[110]

---

110) 대법원 2003. 7. 11. 선고 2001다45584 판결

(5) 회의의 목적사항

회의의 목적사항이란 총회에서 결의할 의안을 뜻하고, 통지·공고문에 이를 기재해야 한다. 총회와 같은 회의를 소집함에 있어 회의의 목적사항을 기재하도록 하는 취지는 구성원이 결의를 할 사항이 사전에 무엇인가를 알아 회의 참석 여부나 결의사항에 대한 찬반의사를 미리 준비하게 하는 데 있다. 따라서 회의의 목적 사항은 구성원이 안건이 무엇인가를 알기에 족한 정도로 구체적으로 기재하면 된다.[111]

조합원에게 통지·공고된 회의의 목적은 총회에서 결의할 사항의 범위를 제약하므로, 총회에서 참석한 조합원 전원의 동의가 있더라도 통지·공고된 목적 이외의 사항에 대하여는 결의할 수 없고, 소집통지서에 회의의 목적사항으로 기재하지 아니한 안건을 종중총회에서 토의하고 의결한 경우 위 안건에 대한 결의는 무효라고 보아야 한다.

한편 조합이 총회 소집 통지를 하면서 회의의 목적사항을 열거한 다음 '기타 사항'이라고 기재하는 경우가 있다. 그런데 총회소집통지에 회의의 목적사항을 기재토록 한 민법 제71조 등 법 규정의 입법취지에 비추어 볼 때, '기타 사항'이란 회의의 기본적인 목적사항과 관계가 되는 사항과 일상적인 운영을 위하여 필요한 사항에 국한된다고 보아야 한다.[112]

---

111) 대법원 1993. 10. 12. 선고 92다50799 판결, 대법원 1996. 10. 25. 선고 95다56866 판결, 대법원 2001. 9. 25. 선고 2001다23379 판결, 대법원 2013. 2. 14. 선고 2010다102403 판결

112) 대법원 1996. 10. 25. 선고 95다56866 판결

3. 총회의 결의권

정비사업의 조합원은 토지등소유자로,[113] 1개의 결의권을 가진다. 다만 아래 어느 하나에 해당하는 때에는 그 여러 명을 대표하는 1명을 조합원으로 본다.[114]

① 토지 또는 건축물의 소유권과 지상권이 여러 명의 공유에 속하는 때

② 여러 명의 토지등소유자가 1세대에 속하는 때. 이 경우 동일한 세대별 주민등록표 상에 등재되어 있지 아니한 배우자 및 미혼인 19세 미만의 직계비속은 1세대로 보며, 1세대로 구성된 여러 명의 토지등소유자가 조합설립인가 후 세대를 분리하여 동일한 세대에 속하지 아니하는 때에도 이혼 및 18세 이상 자녀의 분가(세대별 주민등록을 달리하고, 실거주지를 분가한 경우로 한정)를 제외하고는 1세대로 본다.

③ 조합설립인가(조합설립인가 전 도시정비법 제27조 제1항 제3호에 따라 신탁업자를 사업시행자로 지정한 경우에는 사업시행자의 지정을 말한다) 후 1명의 토지등소유자로부터 토지 또는 건축물의 소유권이나 지상권을 양수하여 여러 명이 소유하게 된 때

---

113) 재건축사업의 경우에는 재건축사업에 동의한 자만 해당한다.
114) 법 제39조 제1항

4. 총회의 서면결의 및 대리권

(1) 대리행사가 가능한 경우

조합원은 총회에 직접 출석하거나 서면으로 결의권 행사가 가능하다. 또한 다수의 조합원에게 직접적으로 총회 출석을 요구하는 것이 곤란하므로, 도시정비법은 다음의 경우 대리인에 의한 의결권의 행사를 허용한다.[115]

① 조합원이 권한을 행사할 수 없어 배우자, 직계존비속 또는 형제자매 중에서 성년자를 대리인으로 정하여 위임장을 제출하는 경우

② 해외에 거주하는 조합원이 대리인을 지정하는 경우

③ 법인인 토지등소유자가 대리인을 지정하는 경우

그런데 간혹 조합원의 대리인이 조합원의 명시된 의사에 반하여 의결권을 행사한 경우가 있다. 이 경우 조합원이 대리인에게 손해배상을 청구할 수 있음은 별론으로 하고, 총회 결의의 효력에는 영향을 미치지 않는다.[116]

(2) 대리권을 증명하는 서류와 관련한 문제

대개의 조합은 대리인이 의결권을 대리 행사하는 경우 대리권을 증명

---

115) 법 제45조 제5항
116) 대법원 1969. 7. 8. 선고 69다688 판결

하는 위임장 내지 인감증명서를 첨부하도록 규정하고 있다. 그렇다면 조합은 대리권을 증명하는 서류를 첨부하지 않은 경우 대리권 행사를 제한할 수 있을까. 이에 대해 대법원은 "재건축주택조합규약에서 조합 총회의 결의에 대리인이 참석할 경우 본인의 위임장에 인감증명서를 첨부하여 제출하도록 하는 것은 조합원 본인에 의한 진정한 위임이 있었는지를 확인하기 위한 것이므로, 조합원 본인이 사전에 대리인에게 총회참석을 위임하여 그 자격을 소명할 수 있는 위임장을 작성해 주고 대리인이 총회에 출석하여 그 위임장을 제출한 이상 본인의 인감증명서가 뒤늦게 제출되었다는 사정만으로 대리인의 참석을 무효라고 할 수 없다."고 판단하였다. [117)]

따라서 조합이 정관에 총회 대리 참석인에게 위임장과 함께, 인감증 형서, 참석장 등을 제출하도록 정한 경우에 대리인이 이러한 서류 등을 지참하지 않았다고 하더라도 대리인이 다른 방법으로 위임사실을 증명할 수 있다면 조합은 그 대리권을 부정하거나 대리 참석을 막을 수 없다고 봄이 타당하다. [118)]

---

117) 대법원 2007. 7. 26. 선고 2007도3453 판결
118) 대법원 2009. 4. 23. 선고 2005다22701,22718 판결

5. 총회의 의결사항 및 전속의결사항

　도시정비법은 조합의 기본적 사항과 관련되거나 조합원의 이해관계에 중요한 영향을 미치는 사항에 대해 반드시 총회의 의결을 거치도록 규정한다.[119] 이와 같이 총회에서만 의결할 수 있는 사항을 '총회 전속 의결사항'이라고 하는데, 이는 총회의 결의로도 다른 기관에 위임할 수 없다. 이러한 총회 전속의결사항은 아래와 같다.

① 정관의 변경(법 제40조제4항에 따른 경미한 사항의 변경은 법 또는 정관에서 총회의결사항으로 정한 경우로 한정)

② 자금의 차입과 그 방법·이자율 및 상환방법

③ 예산으로 정한 사항 외에 조합원에게 부담원이 되는 계약

④ 시공자·설계자 또는 감정평가업자의 선정 및 변경(법 제74조제2항에 따라 시장·군수 등이 선정, 계약하는 감정평가업자는 제외)

⑤ 정비사업전문관리업자의 선정 및 변경

⑥ 조합임원의 선임 및 해임, 법 제42조 제1항 제2호에 따른 대의원의 선임 및 해임에 관한 사항(다만, 정관으로 정하는 바에 따라 조합장을 제외한 임기 중 궐위된 자의 보궐선임은 제외)

⑦ 사업시행계획서의 작성 및 변경(법 제50조제1항 본문에 따른 정비사업의 중지 또는 폐지에 관한 사항을 포함하며, 같은 항 단서에 따

---

119)　법 제45조 제1항, 제2항, 시행령 제43조

른 경미한 변경은 제외)

⑧ 관리처분계획의 수립 및 변경(법 제74조제1항 각 호 외의 부분 단
서에 따른 경미한 변경은 제외)

⑨ 법 제45조 제2항에 따라 총회에 상정하여야 하는 사항

⑩ 법 제42조 제1항 제1호에 따른 조합의 합병 또는 해산에 관한 사
항. 다만, 사업완료로 인한 해산의 경우는 제외

⑪ 법 제42조 제1항 제3호에 따른 건축물의 설계 개요의 변경에 관한
사항

⑫ 법 제42조 제1항 제4호에 따른 정비사업비의 변경에 관한 사항

총회의 직접출석과 관련한 문제

1. 쟁점

총회에서 의결이 유효하게 이루어지려면 법과 정관에 따른 의사정족수가 충족되어야 한다. 여기서 의사정족수는 조합이 총회를 개최하는데 필요한 최소한의 출석인원수로, 개의(開義)정족수라고도 한다. 도시정비법은 총회 의결을 위해 과반수의 출석과 출석 조합원의 과반수 찬성이 있어야 한다고 규정하고, 총회의 운영상의 편의를 도모하기 위해 조합원이 총회에 직접적으로 출석하지 않고서도 총회 개최 전에 서면으로 의결권을 행사할 수 있는 서면의결제도를 인정하고 있다.[120]

다만 서면결의서의 남발되면 총회가 형해화될 우려가 있으므로,

---

120) 법 세45조 제5항

2009. 5. 27. 개정법률은 "총회에서 의결을 하는 경우 조합원의 100분의 10 이상이 직접 출석하여야 한다"라는 단서를 신설하였다. 이에, 아래에서는 도시정비법에 규정된 '조합원의 직접 출석'의 의미와 관련한 실무상 쟁점들을 살펴본다.

2. 총회 도중 퇴장한 조합원이 직접출석자의 수에 포함되는지 여부

조합 총회에서 수개의 안건을 처리하다 보면, 회의장에서 중도 퇴장하는 사람들이 생긴다. 이 경우 회의 도중 퇴장한 자를 도시정비법 제45조 제7항에 따른 직접참석자의 수에 포함된다고 볼 수 있는지 문제된다. 왜냐하면 도시정비법이 직접출석에 대한 규정을 둔 이유가 총회에서 실질적인 토론을 유도하기 때문이므로, 중도 퇴장 조합원을 직접 참석자에 포함시킬 수 없다고 볼 여지가 있기 때문이다. 이와 관련하여, 대법원은 "도시 및 주거환경정비법 제24조에 따라 조합원 총회에서 관리처분계획의 수립을 의결하는 경우의 의결정족수를 정하는 기준이 되는 출석 조합원은 당초 총회에 참석한 모든 조합원을 의미하는 것이 아니라 문제가 된 결의 당시 회의장에 남아 있던 조합원만을 의미하고, 회의 도중 스스로 회의장에서 퇴장한 조합원은 이에 포함되지 않는다"라고 판단하

였다. [121]

즉 이와 같은 대법원 판례는 '의결정족수의 기준이 되는 출석조합원'의 의미에 대한 판단이지만, 직접출석 조합원의 수를 판단하는 데에도 적용될 여지가 있다. 다만 이 경우에도 총회에서 의결은 안건별로 진행되는 것이므로, 의결에 참여한 안건에 관해서는 출석조합원에 포함시킬 수 있다. [122]

3. 서면결의서를 제출하고 직접 참석한 조합원이 직접출석자의 수에 포함되는지 여부

도시정비법 제45조 제7항은 총회의 종류에 따라 조합원의 100분의 10 또는 100분의 20 이상이 직접 출석하여야 한다고 규정하고 있을 뿐, 직접 출석한 상태에서 의결권을 행사하는 자가 100분의 20 이상 될 것을 요구하고 있지는 않는다. 따라서 조합원이 직접 출석한 상태라면 반드시 현실적으로 의결권을 행사까지 요구할 수 없고[123] 서면결의서를 제출하고 총회에 현실적으로 참석하였다면, 도시정비법에서 정한 '직접 출석

---

121) 대법원 2010. 4. 29. 선고 2008두5568 판결
122) 대구지방법원 포항지원 2018. 1. 26. 선고 2017가합204 판결
123) 서울행정법원 2015. 10. 29. 선고 2014구합72514 판결

한 조합원'에 해당하는 것으로 보아야 한다.[124]

4. 직접출석의 입증 문제

소송에서 직접출석 조합원의 수가 쟁점이 된다면, 총회의 적법성 내지 위법성에 대한 입증책임은 누구에게 있을까? 이에 대해 대법원은 "법인의 총회 또는 이사회 등의 의사에는 의사록을 작성하여야 하고 의사록에는 의사의 경과, 요령 및 결과 등을 기재하며 이와 같은 의사의 경과 요령 및 결과 등은 의사록을 작성하지 못하였다든가 또는 이를 분실하였다는 등의 특단의 사정이 없는 한 이 의사록에 의하여서만 증명된다"고 판단하였는바,[125] 조합은 총회 의사록을 통해 총회의 적법성을 주장할 수 있고, 총회의 위법성을 다투는 자는 총회 의사록이 실체적 진실과 다르다는 특단의 사정을 적극 입증하여야 한다.

---

124) 서울행정법원 2015. 10. 29. 선고 2014구합72514 판결
125) 대법원 2010. 4. 29. 선고 2008두5568 판결

예산으로 정한 사항 외에
조합원에게 부담이 될 계약의 쟁점

1. 쟁점

정비사업과 관련한 각종 비리를 예방하고 조합원들의 권익을 보호하기 위하여, 도시정비법 제45조 제1항 제4호는 '예산으로 정한 사항 외에 조합원에게 부담이 되는 계약'을 체결할 때 총회의 의결을 거치도록 규정하고, 이를 위반한 조합임원을 형사처벌하고 있다.[126)]

그런데 도시정비법은 총회의 의결을 거쳐야 한다고만 규정하고 있을 뿐, 총회를 거쳐야 하는 시기에 대해서는 아무런 규정을 두고 있지 않다. 이에 조합임원이 조합 명의로 '예산으로 정한 사항 외에 조합원에게 부담이 되는 계약'을 체결하고 사후적으로 총회를 개최하여 계약 체결에

---

126) 법 제137조 제6호

대해 추인을 받는 것이 가능한지 문제된다.

2. 사전결의의 원칙

실제 총회 의결 없이 계약이 이루어진 경우 이미 공사 등이 완료되어 원상회복이 어려울 뿐만 아니라 법률관계의 혼란을 초래하는 등 분쟁을 발생케 하여 조합원들에게 불이익이 발생할 가능성이 있다. 이러한 점과 더불어 도시정비법에 규정된 총회의 의결 사항은 정비사업과 관련하여 조합원들의 권리·의무에 직접적인 영향을 미치는 것으로, 종래 정비사업과 관련하여 종종 조합임원들이 시공사 등과 결탁하여 임의로 재개발 관련 계약을 체결함으로써 조합원들의 권익을 침해하여 온 기존의 관행을 타파하고 정비사업과 관련된 이익을 조합원들에게 귀속시키기 위한 취지임을 고려하면, 도시정비법 제45조 제1항 제4호의 '총회의 의결'은 원칙적으로 사전의결을 의미한다고 보아야 한다.[127]

3. 사전의결원칙 위반 시 계약의 민사적 효력

---

127) 대법원 2010. 6. 24. 선고 2009도14296 판결

(1) 사후추인결의도 거치지 아니한 경우

앞서 살펴본 바와 같이, 도시정비법 제45조 제1항 제4호의 '총회의 의결'은 원칙적으로 사전의결을 의미한다. 따라서 총회의 사전의결이 없이 예산으로 정한 사항 외에 조합원에게 부담이 될 계약을 체결하는 경우 이는 무효이다.[128]

(2) 사후추인결의를 거친 경우

무효인 법률행위는 원칙적으로 추인하여도 그 효력이 생기지 아니하지만, 예외적으로 당사자가 그 무효임을 알고 추인한 때에는 새로운 법률행위가 된다(민법 제139조). 따라서 총회의 사전의결이 없이 예산으로 정한 사항 외에 조합원에게 부담이 될 계약을 체결하고 이를 총회에서 사후적으로 승인 결의를 거친 경우, 그 계약은 승인결의 시 효력이 발생한다.[129] 다만, 이는 계약의 민사적 효력에 관한 것으로서 총회의 사전결의 없이 예산으로 정한 사항 외에 조합원에게 부담이 될 계약을 체결한 경우, 해당 조합임원은 그 계약이 종국적으로 유효하게 체결되었더라도 여전히 형사처벌의 대상이 될 수 있다.

---

128) 대법원 2011. 4. 28. 선고 2010다105112 판결
129) 대법원 2000. 4. 7. 선고 99다52817 판결

4. 조합원의 부담이 될 계약에 대해 사전결의를 거치는 경우 그 구체성 정도

정비사업 조합의 성격상 조합이 추진하는 모든 업무의 구체적 내용을 총회에서 사전에 의결하는 것은 사실상 어렵다. 따라서 조합원의 부담이 될 계약을 체결하는 경우에는 사전에 총회에서 임원이 추진하려는 계약의 목적과 내용, 그로 인하여 조합원들이 부담하게 될 부담의 정도를 대략적으로 밝히고 그에 관하여 총회의 의결을 얻으면 유효하게 사전결의를 거친 것이라고 본다.[130]

5. 예산에서 정한 사항 외에 조합원에게 부담이 될 계약의 체결을 대의원회에 위임할 수 있는지 여부

도시정비법 제45조 제1항 제4호 및 동법 시행령 제43조 제3호의 취지는 '예산으로 정한 사항 외에 조합원에게 부담이 될 계약'에 관한 사항의 의결은 총회에서 의결하여야 하고 대의원회에 위임할 수 없다는 의미일 뿐이고, 그 계약체결 자체도 총회에서 하여야 한다는 취지는 아니며, 중요한 계약조건인 계약상대방 및 입찰단가에 따른 계약 금액 등을 총회

---

130) 대법원 2010. 6. 24. 선고 2009도14296 판결

에서 의결한다면, 총회에서 정비사업전문관리업자 및 설계자를 선정하고 다만 그 계약체결을 대의원회에 위임하는 것은 가능하다.[131]

---

131) 서울중앙지방법원 2014. 3. 6.자 2014카합320 결정

예비비로 조합원에게 부담이 될
계약의 체결이 가능할까

1. 쟁점

조합은 사업의 진행 상황을 고려하여 회계연도마다 사업비와 운영비로 구분하여 예산안을 편성하고 총회의 의결을 거쳐 예산을 수립한다. 이렇게 수립된 예산은 다양한 이해관계를 총괄적으로 조정하여 합의한 결과이므로 반드시 준수할 필요가 있고, 조합임원은 예산항목별로 지정된 권한 범위 내에서 자금을 집행하거나 채무를 부담할 수 있다. 다만 사업추진 과정에서 예측할 수 없었거나 예측을 초과하는 지출이 발생한 경우가 있는데, 이를 대비하여 조합은 예산 중 일정 금액을 '예비비'로 계상해 둔다.

그러면 조합임원이 예산 범위에 포함되지 않는 추가적인 용역계약을 체결하면서 그 비용을 예비비로 지급하는 것이 가능할까? 이는 명확하지 않다. 왜냐하면 도시정비법은 '예산에서 정한 사항 외에 조합원의 부담이 될 계약'을 체결할 경우 사전적으로 총회 의결을 거치도록 규정하고 이를 위반한 임원을 처벌하고 있는데, 예비비의 사용을 넓게 인정하면 위 법 규정의 취지를 잠탈할 우려가 있기 때문이다. 이에 아래에서는 예비비의 사용이 적법하기 위한 기준이 무엇인지 살펴보도록 한다.

2. 예비비의 사용이 적법하기 위한 기준

예산으로 정해진 항목이 아닌 부분에 대하여 계약을 체결하여 비용을 지출하는 경우에도 그것이 정당한 예비비의 지출로 인정된다면 이는 적법하다.[132] 다수의 하급심 법원은 예비비의 사용이 적법하기 위해서는 ① 계약이 예산 책정 당시에 사업비에 포함시킬 수 없을 정도로 그 지출비용을 개략적으로나마 예측할 수 없었던 항목이었는지,[133] ② 총회의 의결을 기다릴 수 없을 정도로 시급하게 체결할 필요가 있었는지 여부,[134] ③ 통상적으로 예비비 항목의 예산으로 지출되어온 업무인지 여

---

132) 대법원 2011. 4. 28. 선고 2010다105112 판결
133) 부산지방법원 2018. 12. 7. 선고 2018고정1391 판결
134) 부산지방법원 2018. 12. 7. 선고 2018고정1391 판결

부,[135] ④ 지출금액의 수준 등을 종합적으로 고려하여 판단하는 것으로 보인다.

다만 예비비를 방대하게 책정한 후 사전 총회 결의 없이 임의로 계약을 체결하는 경우까지 허용되는 것은 아니다. 만약 이러한 비용의 지출을 '예산에서 정한 사항'의 사용으로 본다면 조합원들의 권리·의무에 직접적인 영향을 미치는 사항에 대하여 조합원들의 의사가 반영될 수 있도록 절차적 보장을 하기 위한 도시정비법 제45조 제1항의 입법취지가 몰각될 우려가 있기 때문이다.

3. 예비비의 지출이 적법하다고 판단한 예

• 사례 1[136]

조합과 시공사 D㈜와 사이에 공사비를 79억원 증액하기로 협의함에 따라 이를 반영한 관리처분계획 변경안 결의를 위해 임시총회를 개최해야 할 필요성이 있었고, 이에 업무의 신속한 진행을 위해 정비사업전문관리업체에 총회 개최 관련 업무를 위탁하는 내용으로 용역계약을 체결한 사안에서, 법원은 해당 용역계약에 따른 용역비를 예비비로 지출하

---

135) 대전지방법원 2018. 11. 8. 선고 2018노1203 판결
136) 서울북부지방법원 2019. 9. 3. 선고 2018나37916 판결

였더라도 이는 예비비의 계상 목적에 부합한다고 판단함.

• **사례 2**[137)

총회 홍보요원 고용비 지출에 대해 2018년도 예산이 수립되지 않았는데, 조합장이 별도의 총회의 결의 없이 홍보요원들에게 '14일간 조합의 임시총회를 홍보하여 주고, 조합은 홍보 요원들에게 1인당 2,166,080원씩 합계 12,996,480원을 지급한다'고 약정하고 도시정비법 위반으로 기소된 사안에서 법원은, (a) 총회를 개최하기 위해서는 일반적으로 홍보계약 등이 필요하고, 조합의 2017년 정기총회가 무산되었기 때문에 2018년도 총회 개최 비용을 사전에 의결할 수 없었던 점, (b) 비록 2017년도 예산도 총회에서 의결되지 못하였지만 2016년의 예비비의 범위 내에서 이 사건 홍보계약에 따른 예산을 집행한 것으로 보는 것이 조합의 예비비에 관한 정관의 해석에 부합한다는 점, (c) 홍보계약으로 집행한 비용은 당시 예비비를 포함한 운영비로 충분히 감당할 수 있는 금액이었다는 점을 근거로 도시정비법 위반이 아니라고 판단함.

• **사례 3**[138)

甲조합이 2015. 12. 10.경 조합원의 이주가 시작되었고, 이주비 대출

137) 대구지방법원 2019. 9. 19. 선고 2019노383 판결
138) 대전지방법원 2018. 11. 8. 선고 2018노1203 판결

등을 통해 조합원에게 이주비를 지급하여야 하는 상황이었음. 원래 조합원 이주비 금융비용은 甲조합의 시공사였던 ○○토건이 부담하기로 되어 있었는데, ○○토건이 2015. 12.경 워크아웃이 종료되어 2016. 1. 13. 법정관리를 신청함으로써 사실상 위 금융비용을 부담하기 어려운 상황이 되자, 조합장이 새로운 시공사를 선정할 때까지 금융컨설팅 비용을 조합의 계산으로 지출한 사안에서 법원은 위 금융자문계약을 체결한 것이 예비비의 범위 내에서 적법하게 이루어진 것이라고 판단함.

4. 예비비로 체결한 계약이 부적법하다고 판단한 사례

• 사례 1[139]

조합장 甲이 조합 사무실에서 총회의 의결을 거치지 아니하고 예비비로 주식회사 D와 사이에 공사대금 70,000,000원으로 정하여 공사 용역 계약을 체결한 사안에서, 정당한 예비비의 지출에 해당하지 않는다고 판단함.

---

139) 대전지방법원 천안지원 2019. 11. 19. 선고 2019고정469 판결

• 사례 2[140]

조합은 2015. 1. 16. 정기총회에서 '친환경 관련 각종 인증' 용역 업무를 위한 용역업체의 선정을 대의원회에 위임하고, 사업비를 초과하는 용역 및 업무 발생 시 예비비로 충당하는 것으로 의결함. 이후 2017. 3. 14. 정기총회에서 예비비를 편성하여 예상치 못한 신규용역, 부대비용, 각 예산별 초과 사업비에 대해서는 예비비로 충당하는 것으로 결의한 후 2018. 2.경 조합이 ㈜D와 사이에 용역비 1,800만원 상당을 지급하기로 하는 내용의 '건축물에너지효율등급 예비 및 본인증' 용역계약을 체결하고 추가 용역금액을 예비비로 지출한 사안에서, 법원은 아래와 같이 판단함.

(a) 2015년 정기총회에서 용역업체 선정을 대의원회에 위임하는 의결하였고, 그 후 대의원회에서 이 사건 계약에 관하여 의결하였다고 하여 이 사건 계약은 대의원회에 위임할 수 없는 총회 전속 의결사항으로 총회의 의결이 있었다고 볼 수는 없다. (b) 예비비라 함은 1회계연도의 범위에서 미리 예측할 수 없는 예산 외의 지출 또는 예산초과지출에 충당하기 위한 것이므로 설령 2017년도 예산 중 예비비가 남아 있다고 하여 그 예비비를 다음 회계연도의 예비비로 당연히 전용할 수는 없으며, (c) 총회의 의결을 기다릴 수 없을 정도로 시급하게 체결할 필요가 있었다고 보기도 어렵다.

---

140) 부산지방법원 2018. 12. 7. 선고 2018고정1391 판결

5. 예비비의 항목 비고란에 자금 지출용도를 기재한 경우 그에 한정해서 지출가능한지 여부

일반적으로 예비비는 사업추진 과정에서 발생되는 통상적인 지출 항목 이외에 예측할 수 없거나 예측을 초과하는 지출에 대비하기 위하여 계상된다. 따라서 조합이 예산에 편성된 예비비의 범위 내에서 그 지출을 이사회 및 대의원회에 위임하였다면, 조합은 이사회 및 대의원회의 의결을 거쳐 예비비의 목적과 범위 내에서 예비비를 지출할 수 있다 할 것이고, 예비비 항목의 '비고'란에 기재된 용도에 한정하여 지출할 수 있다고 볼 것은 아니다.[141]

---

141) 서울북부지방법원 2019. 9. 3. 선고 2018나37916 판결

이사회·대의원회를 거치지 않은 총회의 개최를 금지시킬 수 있는지 여부

1. 쟁점

조합이 의사결정하기 위해서는 이사회를 개최하여 총회에 상정할 안건을 심의·결정하고, 대의원회에서 총회 부의안건에 대한 토론절차를 거친 후 총회를 개최하여 안건을 상정하고 조합원들의 의결을 거치게 된다. 즉 조합이 사업진행을 위해 의사결정을 거치기 위해서는 이사회에서, 대의원회, 총회를 순차적으로 거쳐야 한다. 그런데 간혹 시급성을 다투는 안건이거나 대의원 또는 이사들의 성원이 이루어지지 않아 이사회, 대의원회의 개최 자체가 실패하는 경우 조합은 이사회, 대의원회를 거치지 않고 총회에 안건을 상정하고 결의하는 경우가 있다. 그렇다면 이와 같이 이사회, 대의원회를 거치지 않은 경우 총회가 적법하게 개최되었다고 볼 수 있을까?

이에 대해 대부분의 하급심 법원은 "총회는 최고의사결정기관으로 총회의 다수결은 모든 조합원을 구속하는 반면 위와 같은 대의원회 및 이사회의 심의·의결은 단체 내부의 의사결정에 불과하므로, 안건을 상정함에 있어서 안건 상정에 관한 대의원회의 및 이사회의 심의·의결을 거치지 않았다고 하더라도 이는 총회의 결의를 무효로 할 만한 중대한 절차상의 하자라고 보기 어렵다"는 취지로 판시한다. 즉 조합은 정관이 정한 바에 따라 총회를 개최하기 전에 이사회와 대의원회를 거쳐야 하긴 하나, 절차를 생략한 채 이미 다수의 조합원들의 의사로 이루어진 총회에서 결의가 이루어졌더라도, 이러한 하자가 총회 결의를 무효시킬 정도의 중대한 하자는 아니라는 것이다.[142]

그렇다면 총회에서 이미 안건이 의결된 경우에는 절차상 하자를 다투기 어렵다고 하더라도 총회가 아직 개최되지 않은 상황이라면 어떠할까? 이사회의 의결 또는 대의원회의 사전 심의를 거치지 않았다는 이유로 예정된 총회의 개최를 금지를 요구할 수 있을까?

2. 견해의 대립

---

142) 서울고등법원 2007. 6. 7. 선고 2006나38842 판결

(1) 총회의 개최를 금지할 수 없다는 견해

이사회, 대의원회의 사전 심의 의결 없이도 총회를 개최할 수 있다는 다수 하급심 법원의 주된 논거는 다음과 같다.[143] 즉, ① 조합의 정관에서 대의원회의 의결 사항으로 '총회 부의안건의 사전 심의'를 규정하고 있다고 하더라도 총회 부의안건에 대하여 대의원회의 사전 심의를 의무적으로 받아야 한다고 해석하기는 어려운 점, ② 대의원회 사전 심의를 거치도록 정한 정관 규정은 총회에서 조합원들의 토의권과 결의권 행사를 실질적으로 보장하고 총회에서의 결의가 원활하게 이루어질 수 있도록 대의원회에 총회 부의안건의 적정성 등을 사전에 심의할 수 있게 하는 대의원회의 권한 규정이라고 해석함이 상당한 점, ③ 또한 총회에 상정되는 각 안건은 결국 조합의 최고의결기관인 총회에서 조합원들의 의사에 따라 가부가 결정될 것이라는 점을 이유로, 안건에 관하여 대의원회 사전 심의를 거치지 않았더라도 총회 개최 자체를 금지할 중대한 절차 위반에 해당한다고 보기 어렵다고 본다.

(2) 총회의 개최를 금지할 수 있다는 견해

조합이 이사회의 의결 없이 총회를 개최하고 결의를 거친 사안에서, 수원지방법원 안양지원은 ① 총회의 개최 일시, 안건 등 총회 개최에 관한 어떠한 결의도 이사회에서 이루어지지 않았다는 것은 그 절차 위반

---

143) 서울북부지방법원 2012카합359 결정, 의정부지방법원 2014카합91 결정

의 정도가 결코 가볍다고 볼 수 없는 점, ② 총회의 결의가 당연 무효로 되지 않는 경우가 있다는 이유만으로 절차에 위반한 총회의 개최를 사전에 방지할 수도 없다고 한다면 절차와 관련된 규정들은 독자적인 존재의의가 상실될 수밖에 없고, 더불어 총회의 개최에 있어 조합장을 견제하고 감독하는 기능을 수행하는 이사회의 권한을 부당하게 박탈하는 결과를 초래할 수 있는 점, ③ 일정 수 이상의 조합원 또는 대의원이 총회 소집을 발의하여 발의자의 대표가 조합장을 대신하여 총회를 소집하는 경우 등 이사회의 결의를 거치지 않고도 총회를 소집할 수 있는 방법이 마련되어 있는 점 등을 근거로 '조합이 총회를 개최하기 위해 정관의 규정에 따라 이사회의 결의를 거쳐야 한다고 봄이 타당하다'고 판시하면서 총회개최금지가처분신청을 인용하는 결정을 하였다.[144]

또한 대의원회 사전 심의 없이 총회에 부의된 안건의 효력이 다투어진 사안에서, 인천지방법원 부천지원은 '대의원회의 사전 심의를 거치도록 한 규정의 취지는 대의원회에서 총회 부의안건에 대한 충분한 토론 및 심의를 거쳐, 조합원들에게 결의를 위한 정보를 제공하는 데 목적이 있고, 이를 통해 총회에서 조합장 및 임원들을 견제하고 총회가 실질적으로 기능할 수 있도록 보장하기 위한 것'이라고 판단하면서, 대의원회

---

144) 수원지방법원 안양지원 2017카합10031 결정

의 사전심의를 거치지 않은 총회의 개최를 금지시킨 경우가 있다.[145]

(3) 검토

위와 같이 총회개최긍정설은 '이사회 대의원의 조합장 및 조합임원의 견제기능'에 주안점을 두고 판결한 것이라면, 총회개최부정설은 '이사회 대의원회가 총회 원활한 진행을 위한 것이고, 내부적 의사결정과정에 불과하다는 점'에 주안점을 두고 판결한 것이다. 다만 하급심 법원들의 주류적인 판단은 이사회, 대의원회의 사전 심의, 의결이 없더라도 그 사유가 총회 개최 자체를 금지할 중대한 절차 위반에 해당하지 않는다는 것으로 보인다.[146]

---

145) 인천지방법원 부천지원 2011카합1009 결정
146) 대구지방법원 2019. 4. 25. 선고 2018가합204927 판결

법정정족수 부족한 대의원회의에서 결의된 안건의 효력 여부

1. 쟁점

대의원회는 조합원의 10분의 1 이상으로 구성하고, 조합원의 10분의 1이 100명을 넘는 경우에는 조합원의 10분의 1의 범위에서 100명 이상으로 구성한다.[147] 이와 같이 도시정비법이 대의원의 숫자를 규정하는 이유는 총회의 권한대행기관으로서 기능하는 대의원회의 중요성을 고려할 때, 조합원의 대표성을 확보하기 위해서다.

그런데 조합이 당초 법정대의원수를 충족하여 대의원회를 구성하였으나 사업을 진행하면서 대의원의 자격상실, 해임, 사임, 등의 이유로 대

---

147) 법 제46조 제2항

의원 수가 부족해지는 경우가 있다. 이와 같이 대의원이 법정정족수에 미달할 때, 그 대의원회에서 이루어진 결의는 효력이 있을까? 이와 관련하여 법원은 대의원회가 의결한 안건이 구체적으로 무엇이냐에 따라 결론을 달리한다. 이에 아래에서는 법정정족수에 미달하는 대의원회에서 이루어진 결의가 유효한지 여부를 결의 내용에 따라 구분하여 살펴보기로 한다.

2. 법정정족수가 미달하는 대의원회에서 한 대의원 보궐선임의 효력

대개의 경우, 조합은 정관에 대의원의 보궐선임을 대의원회 결의사항으로 규정하고 있다. 그런데 법정정족수가 미달하는 대의원회에서 대의원이 보궐선임 되어 문제된 사안에서, 일부 하급심 법원은 결의의 효력을 부정하였는데 그 주된 논거는 다음과 같다. ① 법정 대의원 최소 인원수 규정에 관한 법리를 고려할 때 궐위된 대의원의 보궐선임에 관한 사항을 대의원회가 대행할 수 있다는 도시정비법 규정은 대의원회가 법정 대의원 수를 충족하는 것을 전제로 해석해야 한다.[148] ② 대의원 수가 도시정비법이 정한 대의원의 최소 인원수에 못 미치는 등의 사정으로 대의원회가 그 기능을 할 수 없는 이상, 조합원 총회가 대의원의 선임 및

---

148) 서울북부지방법원 2014. 8. 21. 선고 2014가합1694 판결

해임을 할 수 있으므로 대의원의 보궐선임은 총회에서 이루어져야 한다.[149]

한편 대의원 보궐선임이 적법하다고 본 하급심 판결은 민법 제691조를 근거로 든다. 즉 민법상 법인과 그 기관인 이사와의 관계는 위임자와 수임자의 법률관계로, 민법 제691조에 따라 임기 만료되거나 사임한 이사라도 그 임무를 수행함이 부적당하다고 인정할 만한 특별한 사정이 없는 한 이사가 선임될 때까지 이사의 직무를 계속 수행할 수 있는데, 대의원이 사임한 경우도 민법 제691조에 규정된 위임종료의 경우에 급박한 사정이 있는 때와 같이 보아, 임기 만료되거나 사임한 대의원이라도 그 임무를 수행함이 부적당하다고 인정할 만한 특별한 사정이 없는 한 후임 대의원이 선임될 때까지 대의원의 직무를 계속 수행할 수 있다는 것이다.[150] 이 견해는 일부 대의원들의 사임, 퇴임으로 대의원회 구성에 현실적 공백이 발생하였더라도, 종전의 대의원들이 법률상 직무를 수행할 수 있는 지위에 있는 이상, 법정정족수에 미달한 대의원회로 볼 수 없고, 해당 결의에서 이루어진 대의원의 보궐선임은 적법하다는 것이다.

사견으로는 법정정족수가 미달한 대의원회에서 결의한 대의원 보궐

---

149) 서울고등법원 2015. 3. 20. 선고 2014나45715 판결
150) 서울동부지방법원 2015카합10241 결정

선임은 효력이 없다고 본다. 왜냐하면 민법 제691조는 위임관계가 종료된 수임자의 긴급 업무수행권을 인정한 것일 뿐, 사임 또는 퇴임하여 업무수행을 기대하기 어려운 대의원에게 그 지위를 계속해서 인정해 주기 위한 것으로 보기는 어렵고, 총회의 권한대행기관으로서 조합원의 대표성을 확보하도록 하기 위한 대의원회의 의의 및 취지 등에 비추어 볼 때 법정 대의원 최소 인원수에 관한 도시정비법은 공익의 요청에 의한 강행규정으로 보아야 하기 때문이다.

3. 법정정족수가 부족한 대의원회에서 총회의 권한을 대행하는 안건을 의결한 경우

대의원회는 도시정비법령에서 정하는 대의원회의 수를 충족하는 경우에만 유효한 대의원회로서 총회의 권한을 대행할 수 있고, 이러한 구성요건을 갖추지 못하였다면 대의원회의 구성 자체에 위법하다고 보는데 이견이 없어 보인다. 조합원 총회의 결의의 경우 조합원들의 의사가 조합의 운영에 충실히 반영될 여지가 있는 반면, 대의원회가 설치된 조합은 조합운영상 대부분의 결의를 대의원회를 통해 할 수 있는 운영상 편의성도 가지면서, 조합의 운영도 소수의 대의원만으로 좌우될 수 있게 된다는 불합리한 결론에 이르게 되기 때문이다.

또한 대의원회가 총회의 권한을 대행하게 하고 일정 조합원 수 이상으로 채우도록 하는 취지는, 대규모 조합에서 조합원 전체가 참여하는 총회를 개최할 경우 초래하게 될 비효율 및 비용부담을 막고, 조합 총회의 권한대행기관으로서 대의원회가 조합원의 대표성을 확보하도록 하기 위한 것이다. 특히 도시정비법 시행령 제36조제1항에서는 대의원회의 대의원을 조합원 중에서 선출하도록 함으로써 대의원회가 조합원들을 대표하여 그들의 이익과 의사를 대변하도록 하여 조합원의 권리에 대한 부당한 침해를 방지하고 의결의 민주화와 신뢰를 확보하도록 하고 있다. 이러한 관련 법령의 취지를 고려하면, 법정 대의원 최소 인원에 관한 도시정비법 규정은 강행규정이고, 법정 대의원 수에 미달하는 대의원회에서 총회의 권한을 대행하는 안건을 의결한 경우 이는 중대한 하자가 있다고 할 것이다.[151]

---

151) 대법원 2012. 5. 10. 선고 2012다15824 판결, 대구고등법원 2012. 1. 13. 선고 2011나4224 판결

chapter
5

—

조합임원과
형사처벌의
문제

도시정비법의 벌칙 규정

1. 도시정비법상 벌칙 규정

조합임원은 도시정비법 제135조 내지 제138조에 벌칙규정에 해당하는 경우 그 중함에 따라 5년 이하의 징역(또는 5천만원 이하의 벌금), 3년 이하의 징역(또는 3천만원 이하의 벌금), 2년 이하의 징역(또는 2천만원 이하의 벌금), 1년 이하의 징역(또는 1천만원 이하의 벌금)으로 구분하여 처벌받고, 도시정비법 제140조에 해당하는 경우에는 과태료가 부과된다. 이에 아래에서는 도시정비법 벌칙 규정 중 조합임원이 그 대상이 될 수 있는 규정을 정리해 본다.

(1) 5년 이하의 징역 또는 5천만원 이하의 벌금

① 법 제36조에 따른 토지등소유자의 서면동의서를 위조한 자

② 법 제132조 제1항 각 호의 어느 하나를 위반하여 금품, 향응 또는 그 밖의 재산상 이익을 제공하거나 제공의사를 표시하거나 제공을 약속하는 행위를 하거나 제공을 받거나 제공의사표시를 승낙한 자[152)

(2) 3년 이하의 징역 또는 3천만원 이하의 벌금

① 법 제29조제1항에 따른 계약의 방법을 위반하여 계약을 체결한 추진위원장, 전문조합관리인 또는 조합임원(조합의 청산인 및 토지등소유자가 시행하는 재개발사업의 경우에는 그 대표자, 지정개발자가 사업시행자인 경우 그 대표자를 말한다)

② 법 제29조제4항부터 제8항까지의 규정을 위반하여 시공자를 선정한 자 및 시공자로 선정된 자

③ 법 제29조제9항을 위반하여 시공자와 공사에 관한 계약을 체결한 자

④ 법 제31조제1항에 따른 시장·군수 등의 추진위원회 승인을 받지 아니하고 정비사업전문관리업자를 선정한 자

⑤ 법 제32조제2항에 따른 계약의 방법을 위반하여 정비사업전문관리업자를 선정한 추진위원장(전문조합관리인을 포함한다)

⑥ 법 제36조에 따른 토지등소유자의 서면동의서를 매도하거나 매수한 자

⑦ 거짓 또는 부정한 방법으로 법 제39조제2항을 위반하여 조합원 자

---

152) [개정 도시정비법 제135조 제2항 시행일: 2022. 12. 11.]

격을 취득한 자와 조합원 자격을 취득하게 하여준 토지등소유자 및 조합의 임직원(전문조합관리인을 포함한다)

(3) 2년 이하의 징역 또는 2천만원 이하의 벌금

① 법 제31조제1항 또는 제47조제3항을 위반하여 추진위원회 또는 주민대표회의의 승인을 받지 아니하고 제32조제1항 각 호의 업무를 수행하거나 주민대표회의를 구성·운영한 자

② 법 제31조제1항 또는 제47조제3항에 따라 승인받은 추진위원회 또는 주민대표회의가 구성되어 있음에도 불구하고 임의로 추진위원회 또는 주민대표회의를 구성하여 이 법에 따른 정비사업을 추진한 자

③ 법 제35조에 따라 조합이 설립되었는데도 불구하고 추진위원회를 계속 운영한 자

④ 법 제45조에 따른 총회의 의결을 거치지 아니하고 같은 조 제1항 각 호의 사업(같은 항 제13호 중 정관으로 정하는 사항은 제외한다)을 임의로 추진한 조합임원(전문조합관리인을 포함한다)

⑤ 법 제50조에 따른 사업시행계획인가를 받지 아니하고 정비사업을 시행한 자와 같은 사업시행계획서를 위반하여 건축물을 건축한 자

⑥ 법 제74조에 따른 관리처분계획인가를 받지 아니하고 제86조에 따른 이전을 한 자

⑦ 법 제102조제1항을 위반하여 등록을 하지 아니하고 이 법에 따른

정비사업을 위탁받은 자 또는 거짓, 그 밖의 부정한 방법으로 등록을 한 정비사업전문관리업자

⑧ 법 제106조제1항 각 호 외의 부분 단서에 따라 등록이 취소되었음에도 불구하고 영업을 하는 자

⑨ 법 제113조제1항부터 제3항까지의 규정에 따른 처분의 취소·변경 또는 정지, 그 공사의 중지 및 변경에 관한 명령을 받고도 이에 응하지 아니한 추진위원회, 사업시행자, 주민대표회의 및 정비사업전문관리업자

⑩ 법 제124조제1항에 따른 서류 및 관련 자료를 거짓으로 공개한 추진위원장 또는 조합임원(토지등소유자가 시행하는 재개발사업의 경우 그 대표자)

⑪ 법 제124조제4항에 따른 열람·복사 요청에 허위의 사실이 포함된 자료를 열람·복사해 준 추진위원장 또는 조합임원(토지등소유자가 시행하는 재개발사업의 경우 그 대표자)

(4) 1년 이하의 징역 또는 1천만원 이하의 벌금

① 법 제34조제4항을 위반하여 추진위원회의 회계장부 및 관계 서류를 조합에 인계하지 아니한 추진위원장(전문조합관리인을 포함한다)

② 법 제112조에 따른 회계감사를 받지 아니한 자

③ 법 제124조제1항을 위반하여 정비사업시행과 관련한 서류 및 자료를 인터넷과 그 밖의 방법을 병행하여 공개하지 아니하거나 같은

조 제4항을 위반하여 조합원 또는 토지등소유자의 열람·복사 요청에 응하지 아니하는 추진위원장, 전문조합관리인 또는 조합임원(조합의 청산인 및 토지등소유자가 시행하는 재개발사업의 경우에는 그 대표자, 제27조에 따른 지정개발자가 사업시행자인 경우 그 대표자를 말한다)

④ 법 제125조제1항을 위반하여 속기록 등을 만들지 아니하거나 관련 자료를 청산 시까지 보관하지 아니한 추진위원장, 전문조합관리인 또는 조합임원(조합의 청산인 및 토지등소유자가 시행하는 재개발사업의 경우에는 그 대표자, 제27조에 따른 지정개발자가 사업시행자인 경우 그 대표자를 말한다)

(5) 1천만원 이하 또는 500만원 이하의 과태료

① 법 제113조제2항에 따른 점검반의 현장조사를 거부·기피 또는 방해한 자

② 법 제29조제2항을 위반하여 전자조달시스템을 이용하지 아니하고 계약을 체결한 자

③ 법 제78조제5항 또는 제86조제1항에 따른 통지를 태만히 한 자

④ 법 제107조제1항 및 제111조제2항에 따른 보고 또는 자료의 제출을 태만히 한 자

⑤ 법 제125조제2항에 따른 관계 서류의 인계를 태만히 한 자

2. 도시정비법 위반 100만원 이상 형을 선고받을 시 임원의 당연퇴임

조합임원이 도시정비법 위반으로 100만원 이상의 형을 선고 받으면 당연퇴임하고, 형을 선고받은 후로부터 10년이 지나지 않았다면 조합임원이 될 수 없다.[153] 따라서 조합장을 비롯한 조합임원들은 도시정비법상 벌칙 규정 및 다양한 처벌 사례를 숙지하여 조합 사무를 집행하면서 도시정비법 위반으로 처벌받지 않도록 주의를 기울일 필요가 있다. '법의 부지는 용서받지 못한다'라는 법언처럼 법을 알지 못했다고 하더라도 처벌을 피할 방법이 없기 때문이다.

3. 공무원 의제

도시정비법은 추진위원장·조합임원·청산인·전문조합관리인 및 정비사업전문관리업자의 대표자(법인인 경우에는 임원을 말한다)·직원 및 위탁지원자를 형법상 뇌물죄 규정을 적용할 때 공무원으로 보아 처벌을 강화하는 공무원 의제규정을 두고 있다.[154] 이와 같이 공무원이 아닌 자를 공무원으로 의제하여 처벌할 수 있도록 근거규정을 둔 이유는 조합임원이 공공성이 큰 업무수행을 할 때 공정성과 책임성을 확보하기

---

153) 법 제43조 제1항 제5호, 법 제43조 제2항
154) 법 제134조

위해서이다. 따라서 조합임원들은 비록 '공무원'의 신분을 가진 자가 아닐지라도, 업무와 관련하여 금품의 수수(授受)하면 도시정비법 제134조에 따라 공무원으로 의제되어 뇌물죄로 처벌받을 수 있다.

조합임원과 정비사업 시행 관련
자료의 공개의무

1. 관계법령

■ 도시정비법

제124조(관련 자료의 공개 등)

① 추진위원장 또는 사업시행자(조합의 경우 청산인을 포함한 조합임원, 토지등소유자가 단독으로 시행하는 재개발사업의 경우에는 그 대표자를 말한다)는 정비사업의 시행에 관한 다음 각 호의 서류 및 관련 자료가 작성되거나 변경된 후 15일 이내에 이를 조합원, 토지등소유자 또는 세입자가 알 수 있도록 인터넷과 그 밖의 방법을 병행하여 공개하여야 한다. 〈개정 2022. 6. 10.〉

1. 제34조제1항에 따른 추진위원회 운영규정 및 정관등

2. 설계자·시공자·철거업자 및 정비사업전문관리업자 등 용역업체의 선정계약서

3. 추진위원회·주민총회·조합총회 및 조합의 이사회·대의원회의 의사록

4. 사업시행계획서

5. 관리처분계획서

6. 해당 정비사업의 시행에 관한 공문서

7. 회계감사보고서

8. 월별 자금의 입금·출금 세부내역

8의2. 제111조의2에 따라 신고한 자금차입에 관한 사항

9. 결산보고서

10. 청산인의 업무 처리 현황

11. 그 밖에 정비사업 시행에 관하여 대통령령으로 정하는 서류 및 관련 자료

② 제1항에 따라 공개의 대상이 되는 서류 및 관련 자료의 경우 분기별로 공개대상의 목록, 개략적인 내용, 공개장소, 열람·복사 방법 등을 대통령령으로 정하는 방법과 절차에 따라 조합원 또는 토지등소유자에게 서면으로 통지하여야 한다.

③ 추진위원장 또는 사업시행자는 제1항 및 제4항에 따라 공개 및 열람·복사 등을 하는 경우에는 주민등록번호를 제외하고 국토교통부령으로 정하는 방법 및 절차에 따라 공개하여야 한다.

④ 조합원, 토지등소유자가 제1항에 따른 서류 및 다음 각 호를 포함하여 정비사업 시행에 관한 서류와 관련 자료에 대하여 열람·복사 요청을 한 경우 추진위원장이나 사업시행자는 15일 이내에 그 요청에 따라야 한다.

1. 토지등소유자 명부

2. 조합원 명부

3. 그 밖에 대통령령으로 정하는 서류 및 관련 자료

⑤ 제4항의 복사에 필요한 비용은 실비의 범위에서 청구인이 부담한다. 이 경우 비용 납부의 방법, 시기 및 금액 등에 필요한 사항은 시·도조례로 정한다.

⑥ 제4항에 따라 열람·복사를 요청한 사람은 제공받은 서류와 자료를 사용목적 외의 용도로 이용·활용하여서는 아니 된다.

[시행일: 2022. 12. 11.] 제124조

■ **도시정비법 시행령**
제94조(자료의 공개 및 통지 등)

① 법 제124조제1항제11호에서 "대통령령으로 정하는 서류 및 관련 자료"란 다음 각 호의 자료를 말한다.

1. 법 제72조제1항에 따른 분양공고 및 분양신청에 관한 사항

2. 연간 자금운용 계획에 관한 사항

3. 정비사업의 월별 공사 진행에 관한 사항

4. 설계자·시공자·정비사업전문관리업자 등 용역업체와의 세부 계약 변경에 관한 사항

5. 정비사업비 변경에 관한 사항

② 추진위원장 또는 사업시행자(조합의 경우 조합임원, 법 제25조제1항제2호에 따라 재개발사업을 토지등소유자가 시행하는 경우 그 대표자를 말한다)는 법 제124조 제2항에 따라 매 분기가 끝나는 달의 다음 달 15일까지 다음 각 호의 사항을 조합원 또는 토지등소유자에게 서면으로 통지하여야 한다.

1. 공개 대상의 목록

2. 공개 자료의 개략적인 내용

3. 공개 장소

4. 대상자별 정보공개의 범위

5. 열람·복사 방법

6. 등사에 필요한 비용

③ 법 제125조제1항에서 "대통령령으로 정하는 회의"란 다음 각 호를 말한다.

1. 용역 계약(변경계약을 포함한다) 및 업체 선정과 관련된 대의원회·이사회

2. 조합임원·대의원의 선임·해임·징계 및 토지등소유자(조합이 설립된 경우에는 조합원을 말한다) 자격에 관한 대의원회·이사회

2. 조합임원과 정비사업 시행 관련 자료의 공개의무

제정 도시정비법은 정비사업의 투명성·공공성을 확보하고 조합원의 알 권리를 충족하기 위하여 사업시행자에게 정비사업의 시행에 관한 자료 등

을 공개하도록 규정하였다. 그러나 위반 시 처벌규정이 없다 보니 각종 권한을 가지고 막대한 사업자금을 운영하던 조합임원들이 조합원들에게 용역계약과 관련한 자료를 제대로 공개하지 않았고, 건설사를 비롯하여 용역업체와 유착되어 공사비를 증액하거나 불평등한 계약을 체결하는 등 비리, 부조리가 자주 발생하였다. 이에 2007. 12. 21. 개정 도시정비법은 조합임원들이 정비사업 시행과 관련한 자료의 공개 의무를 위반할 경우 1년 이하의 징역 또는 1천만원 이하의 벌금에 처하는 처벌하는 규정을 두었다.[155]

한편 도시정비법 제124조에 따르면 추진위원장 또는 사업시행자는 두 가지 형태의 자료공개 의무를 진다. 첫째는 정비사업의 시행에 관한 서류(법 제124조 제1항 각호의 서류) 및 관련 자료가 작성되거나 변경되면 15일 이내에 이를 조합원, 토지등소유자 또는 세입자가 알 수 있도록 인터넷과 그 밖의 방법을 병행하여 공개하는 것이다.[156] 두 번째는 토지등소유자의 요청에 따라 정비사업의 시행에 관한 서류 및 관련 자료를 열람·복사해 주는 것이다.[157] 이때 토지등소유자에 요청에 따라 열람·복사 의무가 인정되는 서류는 법 제124조 제1항 각 호의 서류 외에도 124조 제4항 각호에 해당하는 서류 및 관련 서류를 포함하므로, 그 범위가 더 넓다.

---

155) 대법원 2016. 2. 18. 선고 2015도10976 판결, 헌법재판소 2016. 6. 30. 선고 2015헌바329 전원재판부 결정, 부산지방법원 동부지원 2019. 6. 13. 2019고정52 판결
156) 법 제124조 제1항
157) 법 제124조 제4항

직무대행자도 정보공개의무 위반죄로
처벌받을 수 있을까

1. 쟁점

조합임원들은 정비사업 시행 관련 자료의 공개의무를 위반하면 1년 이하의 징역 또는 1천만원 이하의 벌금에 처한다.[158] 이와 같이 도시정비법 제138조 제1항 제7호 위반죄는 추진위원장, 조합임원 또는 전문조합관리인만이 그 처벌의 대상이 될 수 있는 신분범이다.

그런데 법원에 의해 한시적으로 조합임원의 권한을 부여받은 법원에 의해 선임된 직무대행자가 정보공개의무 위반죄의 범행주체에 해당할까? 형벌법규의 해석은 엄격해야 하고 명문규정의 의미를 피고인에게 불리한 방향으로 지나치게 확장 해석하거나 유추 해석할 수 없다는 점

---

158) 법 제138조 제1항 제7호

을 고려할 때, 도시정비법 제138조 제1항 제7호의 '조합임원'에 직무대행
자를 포함하여 해석하는 것이 죄형법정주의에 반하는 것이 아닌지 문제
될 수 있다.

2. 정보공개의무 위반죄와 직무대행자의 범행주체성

(1) 법원에 의해 선임된 직무대행자[159]

법원의 가처분결정에 의하여 선임된 조합임원 직무대행자는 조합을
종전과 같이 그대로 유지하면서 관리하는 것과 같은 조합의 통상 사무
에 속하는 행위를 할 수 있다.[160]

즉 법원에 의하여 선임된 조합임원 직무대행자도 조합의 통상 사무를
처리하는 범위 내에서는 원칙적으로 조합 총회의 의결을 거쳐 선임된
조합임원과 동일한 권한을 가진다는 점, 도시정비법이 정비사업 시행과
관련한 서류 및 자료를 공개하지 아니한 조합임원 등을 처벌하는 규정
을 둔 이유는 정비사업의 투명성·공공성을 확보하고 조합원 등의 알권
리를 충족시키기 위한 것인 점을 고려하면, 법원에 의하여 선임된 조합
임원 직무대행자도 도시정비법 제138조 제7호, 제124조 제1항 위반죄의

---

159) 대법원 2017. 6. 15. 선고 2017도2532 판결
160) 민법 제60조의2 제1항

범행주체인 조합임원에 해당한다.

(2) 운영규정에 따른 추진위원장의 직무대행자[161]

추진위원회 운영규정에 따라 일시적으로 추진위원장의 직무대행자가 된 자가 도시정비법 제138조 제1항 제7호의 범행주체가 될 수 있는지 문제된 사안에서, 대법원은 '범행주체인 추진위원회 위원장이란 정비사업조합을 설립하기 위하여 토지등소유자 과반수의 동의를 얻은 후 시장·군수의 승인을 얻어 구성된 조합설립추진위원회의 위원장을 의미하므로, 추진위원회의 부위원장이나 추진위원이었다가 추진위원회 위원장의 유고 등을 이유로 운영규정에 따라 연장자 순으로 추진위원회 위원장 직무대행자가 된 자를 도시정비법 제138조 제1항 제7호의 추진위원회 위원장에 해당하는 것으로 해석하는 것은 형벌법규를 피고인에게 불리한 방향으로 지나치게 확장 해석하거나 유추 해석하는 것으로서 죄형법정주의의 원칙에 어긋나 허용될 수 없다'는 취지로 판단하였다. 따라서 위 대법원 판례에 따르면, 운영규정에 따라 일시적으로 추진위원장의 직무대행자가 된 자가 정비사업 시행과 관련한 서류 및 자료를 공개하지 않더라도, 그 자를 도시정비법 제138조 제1항 제7호에 따라 처벌하기는 어렵다.

---

161) 대법원 2015. 3. 12. 선고 2014도10612 판결

(3) 조합정관규정에 따른 직무대행자

앞서 살펴본 바와 같이, 추진위원회 운영규정에 따라 일시적으로 추진위원장 직무대행자가 된 자를 도시정비법 제138조 제1항 제7호에 규정된 '추진위원장'이라고 볼 수 없다면, 해석의 균형상 정관규정에 따라 일시적으로 직무대행자로 선임된 자도 도시정비법 제138조 제7호의 범행주체인 '조합임원'에 해당할 수 없는 것인지 문제된다.

그러나 이에 관해서 대법원의 명확한 판결이 없고, 일부 하급심 판결은 조합 정관 규정에 다른 직무대행자를 도시정비법 위반으로 처벌한 사례가 있으므로 주의가 필요하다. 즉 하급심 법원은 정관 규정에 의한 조합장 직무대행자가 총회결의를 거치지 않고 용역업체와 계약을 체결하여 도시정비법 위반죄의 성립이 문제된 사안에서, 정관상 직무대행자를 구도시정비법 제137조 제6호의 범행주체인 조합의 임원에 해당한다고 본 사례가 있다.[162] 물론 이 사안은 도시정비법 제138조 제1항 제7호 해당 여부가 문제된 사안은 아니었으나 도시정비법 법칙 규정이 적용되는 '조합임원'의 범위를 판단하고 있다는 점, 대법원이 법원에 의해 선임된 직무대행자도 제138조 제1항 제7호에 규정된 '조합임원'이라고 판단하고 있는 점[163] 등을 고려할 때, 정관에 의해 직무대행자로 선임된 자는 도시정비법상 관련자료 공개의무의 수범자에 해당한다고 볼 여지가 있

---

162) 서울북부지방법원 2017. 9. 15. 선고 2016노2343 판결
163) 대법원 2017. 6. 15. 선고 2017도2532 판결

다. 따라서 정관규정에 따라 불가피하게 한시적으로 직무대행자가 된 자라고 하더라도 도시정비법상 벌칙규정을 위반하여 처벌받는 일이 없 도록 주의하여야 한다.

정비사업 시행에 관한 자료의 열람·복사 방법

1. 쟁점

　도시정비법은 토지등소유자가 정비사업 시행에 관한 서류와 관련 자료를 열람·복사 요청하는 경우 복사에 필요한 비용은 실비의 범위에서 청구인이 부담하고, 그 비용납부의 방법, 시기 및 금액 등에 관하여 필요한 사항은 시·도 조례로 정하도록 규정하였다.[164]

　다만 도시정비법은 자료의 열람·복사의 방법에 관해서는 구체적인 규정을 두고 있지 않다. 이러한 이유로 개별 조합이 조합을 직접 방문한 조합원에 한하여 자료의 열람·복사를 허락해 주는 등 그 방법을 제한하는 것이 가능한지, 아니면 조합에 직접 방문하지 않은 조합원에게도

---

[164]　법 제124조 제5항

우편, 팩스 등의 방법을 이용하여 열람·복사 요청에 적극적으로 응하여야 하는지 여부가 문제되었다.

2. 현장교부 외에 우편, 팩스 등을 통해 조합원의 열람복사 요청에 응할 의무가 있는지 여부

(1) 원심법원의 판단[165]

도시정비법은 정비사업 시행에 관한 서류와 관련 자료의 공개의무와 열람·복사 요청에 응할 의무를 분리하여 규정하면서 공개대상의 목록 등을 서면으로 통지하도록 하는 한편, 복사에 필요한 비용은 실비의 범위에서 청구인이 부담하도록 하고 있는 점 등에 비추어 보면, 열람·복사 요청에 응할 의무는 그 요청에 응할 수 없는 특별한 사유가 없는 한, 15일 이내에 '현장에서' 조합원이 요청한 서류 및 관련 자료를 열람하게 하거나 복사하여 주어야 한다. 따라서 조합원이 정보공개청구서로써 열람·복사 요청을 하였을 뿐이고 달리 15일 이내에 조합을 방문하지 않았다면, 결국 조합원이 열람·등사받지 못하였더라도 조합장을 도시정비법 위반으로 처벌할 수 없다.

---

165) 서울동부지법 2016. 8. 19. 선고 2016노324 판결

(2) 대법원의 판단[166]

도시정비법은 구체적으로 어떠한 방법으로 열람·복사 요청에 응하여야 하는지에 관하여는 규정하고 있지 않으며, 개별 조합에 열람·복사의 방법을 구체적으로 정할 수 있도록 재량권을 주고 있으나, 그럼에도 개별 조합에서 열람·복사의 방법을 특정하지 않았다면 현장교부 외에도 통상의 방법인 우편, 팩스 또는 정보통신망 중 어느 하나의 방법을 이용하여 열람·복사 요청에 응하여야 한다고 해석함이 타당하고, 열람·복사를 요청한 조합원이 복사에 필요한 비용을 부담한다는 규정만으로 현장에서만 열람 및 복사할 것이 요구된다고 해석할 수 없다.

(3) 검토

열람·복사 방법과 관련하여, 원심법원의 판단과 달리 대법원은 개별 조합이 열람·복사의 방법을 특정하지 않았다면 열람·복사의 방법이 현장방문에 한정된다고 볼 수 없고, 우편, 팩스 또는 정보통신망 중 어느 하나의 방법을 이용하여 조합원의 열람·복사 요청에 적극적으로 응하여야 한다고 판단하였다. 도시정비법 제124조 제4항에 따른 열람·복사 청구권이 조합원들의 알권리를 보호하기 위한 것이라는 점을 고려하면 법률에 열람공개 청구 방법에 대한 제한이 없더라도 이를 폭넓게 해석하는 것이 타당하다.

---

166) 대법원 2018. 4. 26. 선고 2016도13811 판결

다만, 이는 조합이 정관 등에 자료의 열람·복사 방법을 '현장방문'으로 제한하지 않았을 경우 적용되는 판례로, 만약 조합이 정관에 열람·복사 방법을 '현장방문'으로 제한하였을 경우에는, 조합장이 토지등소유자로부터 열람·복사 요청을 받더라도 토지등소유자가 조합을 직접 방문하지 않는 한, 우편 또는 팩스의 방법까지 동원하여 요청에 응할 필요는 없을 것으로 보인다.

열람·복사 요청의 대상인 조합원명부에는 전화번호가 반드시 포함될까

1. 쟁점

조합원명부는 토지등소유자들이 조합에 열람·복사를 요청할 수 있는 '정비사업의 시행에 관한 서류' 중 하나이다.[167] 그런데 통상 조합원명부에는 조합원의 이름뿐만 아니라 주소, 연락처 등이 기재되어 있는데, 그러다보니 정비사업을 반대하는 자들이 조합원명부에 기재된 전화번호를 이용하여 조합원들에게 검증되지 않은 사실을 배포하거나 조합원들 간의 갈등을 유발시킬 목적으로 조합에 조합원명부의 열람·복사를 요청하는 경우가 있다. 이 때문에, 조합에서는 전화번호를 제외한 조합원명부를 복사해 주기도 한다. 그렇다면 위와 같은 경우 토지등소유자는

---

167) 법 제124조 제4항 2호

조합에게 조합원들의 전화번호까지 모두 공개해 줄 것을 요구할 수 있을까?

2. '조합원의 전화번호'가 도시정비법 제124조 제4항에 따른 열람·복사의 대상이라는 대법원 판단

대법원은 도시정비법 열람·복사 관련 규정의 연혁과 입법 취지, 아래와 같은 이유를 들어 조합원의 전화번호가 열람·복사의 대상이라고 보았다.

① 도시정비법은 '조합원 명부'를 열람·복사 대상으로 규정하고 있으므로 조합원 명부에 조합원들의 전화번호가 기재되어 있다면 조합원들의 전화번호가 포함된 조합원 명부가 열람·복사의 대상이 된다. 설령 조합원 명부에 조합원들의 전화번호가 기재되어 있지 않다고 하더라도, 조합이 정비사업 시행을 위해 조합원들의 전화번호를 수집하여 관리하고 있다면 이 사건 의무조항에서 열람·복사의 대상으로 규정한 '정비사업의 시행에 관한 서류와 관련 자료'에 해당한다고 보아야 한다.

② 도시정비법 제124조 제3항은 공개 및 열람·복사 대상에서 제외

되는 정보를 '주민등록번호'에 한정하고 있으므로, 주민등록번호를 제외한 다른 정보들은 원칙적으로 열람·복사의 대상이다. 구 「도시 및 주거환경정비법」(2012. 2. 1. 법률 제11293호로 개정되기 전의 것, 이하 '구 도시정비법'이라 한다) 제81조 제3항, 구 「도시 및 주거환경정비법 시행규칙」(2012. 8. 2. 국토해양부령 제506호로 개정되기 전의 것) 제22조 제1항은 '공개대상 서류 및 관련 자료는 개인의 신상정보를 보호하기 위하여 이름, 주민등록번호 및 주소를 제외하고 공개하여야 한다.'고 규정하였다가, 2012. 2. 1. 법률 제11293호로 개정된 구 도시정비법 제81조 제3항은 '공개 및 열람·복사 등을 하는 경우에는 주민등록번호를 제외하고 공개하여야 한다.'고 규정함으로써 공개대상의 범위를 확대하였다.

③ 조합원의 전화번호는 정비사업의 추진과 관련한 조합 구성원의 의견수렴과 의사소통에 꼭 필요한 정보이다. 추진위원회·조합의 해산이나 정비구역 등의 지정해제를 희망하는 토지 등 소유자, 조합임원의 해임 등을 위한 총회 소집을 희망하는 조합원의 경우 다른 조합원들과의 정보공유를 통해 의견을 수렴할 필요가 있으며, 조합원들의 이름과 주소만으로는 조합원 상호 간의 신속하고 원활한 의사소통에 한계가 있다.

④ '조합원과 토지 등 소유자'만 열람·복사를 청구할 수 있으므로 공

개의 범위가 일반 공중이 아니라 '해당 정비사업의 시행에 직접적인 이해관계가 있는 한정된 범위의 사람들'로 제한된다. 또한 도시정비법 제124조 제6항은 이 사건 의무조항에 따라 열람·복사를 요청한 사람은 제공받은 서류와 자료를 사용목적 외의 용도로 이용·활용하여서는 아니 된다는 제한을 규정하고 있다.

⑤ 조합원의 전화번호는 「개인정보 보호법」 제2조 제1호에서 정한 개인정보에 해당하나, 이 사건 의무조항은 「개인정보 보호법」 제18조 제2항 제2호에서 정한 '다른 법률에 특별한 규정이 있는 경우'에 해당하므로 조합임원은 정보주체인 조합원의 별도의 동의 절차를 거칠 필요 없이 조합원의 전화번호를 공개하여야 한다. 만약 조합원의 전화번호를 제공받은 사람이 이를 제공받은 목적(정비사업의 시행과 관련하여 조합원 또는 토지 등 소유자들 사이의 의견수렴·의사소통) 외의 용도로 이용하거나 제3자에게 제공하는 경우에는 형사처벌의 대상이 된다(「개인정보 보호법」제19조, 제71조 제2호).

⑥ 조합원의 전화번호는 「공공기관의 정보공개에 관한 법률」(이하 '정보공개법'이라 한다)에 의하더라도 공개대상인 정보에 해당한다. 정보공개법 제9조 제1항 제6호는 「개인정보 보호법」 제2조 제1호에 따른 개인정보로서 공개될 경우 사생활의 비밀 또는 자유를 침

해할 우려가 있다고 인정되는 정보'는 공개하지 않을 수 있으나, 이 경우에도 '법령에서 정하는 바에 따라 열람할 수 있는 정보'[(가)목]이거나 '공공기관이 작성하거나 취득한 정보로서 공개하는 것이 공익이나 개인의 권리 구제를 위하여 필요하다고 인정되는 정보'[(다)목]에 대하여는 공개하도록 규정하고 있다. 전화번호는 「개인정보보호법」제2조 제1호에 따른 개인정보로서 공개될 경우 사생활의 비밀 또는 자유를 침해할 우려가 있다고 인정되는 정보이기는 하지만, '도시정비법에서 정하는 바에 따라 열람할 수 있는 정보'이자 '조합의 공익과 조합원의 권리를 위하여 필요하다고 인정되는 정보'에 해당하므로 비공개대상에서 제외된다.

3. 전화번호 공개 요청에 대한 조합의 대응방안

전화번호 공개와 관련해서 과거에는 하급 법원의 판단이 엇갈렸으나, 위 대법원 판결이 선고된 이후 관련 대립은 다소 정리된 것으로 보인다. 즉 실무에서도 조합임원은 서면결의서 등에 조합원의 전화번호를 공개하여 열람 복사해 주는 것이 바람직하다.

다만 일부 조합에서는 특정 조합원이 자신의 전화번호를 제3자에게 비공개해 줄 것을 직접 요청하는 경우가 있다. 이 경우 도시정비법 제

124조 제4항이 개인정보주체인 조합원의 의사에 반해서라도 개인정보인 전화번호를 공개하도록 규정한 것인지, 즉 위 대법원 판단이 그대로 적용될 수 있는 것인지 그 판단에는 여전히 어려움이 존재한다(사견으로는, 조합이 조합원의 전화번호를 보관, 수집할 수 있는 권한 자체가 조합원의 동의에 기초한 것이라는 점이라는 점을 고려해서, 조합원의 명시적 부동의가 존재하는 상황에서는 조합원의 개인정보인 전화번호도 열람 복사 대상에서 제외하는 것으로 해석함이 바람직하다고 보이나, 도시정비법상 제124조에 위반되는 경우 임원의 형사처벌을 규정하고 있다는 점을 고려할 때 보다 신중한 해석이 요구될 것이다).

총회의결사항을
조합장에게 위임할 수 있을까

1. 쟁점

도시정비법 제45조는 조합원들의 권리의무에 직접적인 영향을 미치는 사항에 대하여 조합원들의 의사가 반영될 수 있도록 절차적 참여 기회를 보장하기 위하여 총회의 의결을 거치도록 규정하고 있다. 그런데 간혹 총회 의결사항을 총회에서 직접 의결하지 않은 채 조합장 또는 이사회, 대의원회에 위임하는 경우가 있어 문제된다. 이에 대해 조합은 "총회에서 다른 기관에 위임하는 내용을 결의를 거쳤으므로, 조합원들의 의사가 반영되었으므로, 위임결의는 적법하다"고 주장한다. 이러한 주장은 타당할까?

2. 관련 사례

(1) 사실관계

甲조합은 총회에서 '조합임원의 선임을 조합장에게 위임한다'는 결의를 거치고, 甲조합의 조합장 A가 조합이사·감사를 임의로 선임하였다. 이에 검사는 '조합임원의 선임 및 해임이 도시정비법 제45조 제1항 제7호에 따른 총회 의결사항임에도 불구하고 조합장 A가 총회 의결 없이 조합임원을 선임하여 도시정비법 제137조 제6호를 위반하였다'는 혐의로 기소하였다. 조합장 A는 "총회에서 조합원들이 조합장에게 위임한 사항이므로, 결국 총회 결의를 거친 것이다"고 다툰다.

(2) 법원의 판단

1) 원심법원의 판단

조합임원을 선임할 권한을 조합장에게 위임한 총회의 의결 내용이 도시정비법 제45조 제31항 제7호에 반하여 무효라고 하더라도, 이는 총회의 의결이 객관적으로 존재하지 아니하는 경우이거나 또는 부존재하는 것으로 평가되는 경우와 달리 총회의 의결이라는 실체가 의연히 존재하는 경우에 해당한다. 따라서 조합장 A가 도시정비법 제137조 제6호의 "총회의 의결을 거치지 아니하고 도시정비법 제45조 제1항 각호의 사업을 임의로 추진한 조합임원"에 해당한다고 볼 수 없고, 조합장 A를 처벌할 수 없다.

2) 대법원의 판단

도시정비법 제45조 제1항 제7호는 '조합임원의 선임 및 해임'을 총회 의결사항으로 정하고 있고, 제137조 제6호는 '제45조에 따른 총회의 의결을 거치지 아니하고 같은 조 제1항 각호의 사업을 임의로 추진한 조합임원'을 형벌에 처하도록 규정하고 있다. 위 조항의 입법취지 등을 고려하면 형식적으로 총회의 의결을 거쳐 조합임원을 선임 해임하였다 하더라도 그 총회의 결의에 부존재 또는 무효의 하자가 있는 경우에는 특별한 사정이 없는 한 조합임원의 선임 해임은 총회의 의결을 거치지 아니한 것에 해당한다고 보아야 한다. 나아가 조합임원의 선임을 조합장에게 위임하는 내용의 총회의 결의가 도시정비법 관련 규정에 반하여 무효인 이상 위 조합장은 총회의 의결을 거치지 아니하고 조합임원의 선임을 추진한 것에 해당하여 도시정비법 제137조 제6호의 적용을 받아 처벌할 수 있다.[168]

3. 검토

총회가 외견상 객관적으로 존재하더라도, 그 총회의 결의 내용이 도시정비법 관련 규정에 반하여 무효인 경우 총회의 결의는 이미 내적 한

---

168) 대법원 2009. 3. 12. 선고 2008도10826 판결

계를 넘어선 것으로 위법하다. 이러한 경우 총회의 결의가 있었다고 볼 수 없고, 총회의 결의 없이 사업을 임의로 추진한 조합임원은 도시정비법 제137조 제6호 제45조에 따라 2년 이하의 징역 또는 2천만원 이하의 벌금에 처할 수 있다.

예산에서 정한 사항 외에 조합원에게 부담이 될 계약의 체결과 임원의 형사처벌

1. 쟁점

도시정비법 제45조 제1항 제4호는 "예산으로 정한 사항 외에 조합원에게 부담이 되는 계약"에 관해서는 총회의 의결을 거치도록 규정하며, 이러한 총회의 의결을 거치지 아니하고 사업을 임의로 추진한 조합임원을 2년 이하의 징역 또는 2천만원 이하의 벌금에 처하고 있다.[169] 이는, 종래 정비 사업과 관련하여 종종 조합임원들이 시공사 등과 결탁하여 임의로 재개발 관련 계약을 체결함으로써 조합원들의 권익을 침해하자, 이러한 기존 관행을 타파하고 조합원들의 진정한 의사를 확인하여 그

---

169) 법 제137조 제6호

권익을 보호하고 조합임원에 의한 전횡을 방지하기 위한 것이다.[170]

그런데 예산으로 정한 사항이 아니었음에도 불구하고 조합임원이 계약 체결 후 총회에서 추인결의를 거친 경우라면, 조합임원들은 '총회의 추인결의를 거쳤으며 조합임원은 조합원들이 동의한 계약으로 조합원들에게 손해가 없다'는 이유를 들어 처벌을 면할 수 있을까?

2. 관련 사례

(1) 사실관계

甲조합의 임원들이 2007. 12.경 조합의 사무실에서 조합원 총회의 의결을 거치지 아니하고 乙 주식회사 대표이사와 상가 인테리어 공사 도급계약을 체결하자, 검사는 조합임원들을 도시정비법 위반 혐의로 기소하였다. 이에 대하여 甲조합의 임원들은 "총회 결의를 계약 체결 전에 거치진 않았으나, 2008. 9.경 정기총회에서 총 조합원 1,308명 중 과반수가 넘는 796명이 참석하여 그 과반수가 넘는 498명이 찬성하여 이 사건 계약체결에 관하여 적법하게 사후 추인을 받았다"고 주장한다.

---

170) 대법원 2016. 10. 27. 선고, 2016도138 판결

(2) 법원의 판단[171]

실제 총회 의결 없이 계약이 이루어진 경우 이미 공사 등이 완료되어 원상회복이 어려울 뿐만 아니라 법률관계의 혼란을 초래하는 등 분쟁을 발생케 하여 조합원들에게 불이익이 발생할 가능성이 있다. 이러한 점과 더불어 도시정비법에 규정된 총회의 의결 사항은 정비사업과 관련하여 조합원들의 권리·의무에 직접적인 영향을 미치는 것으로, 종래 정비사업과 관련하여 종종 조합임원들이 시공사 등과 결탁하여 임의로 재개발 관련 계약을 체결함으로써 조합원들의 권익을 침해하여 온 기존의 관행을 타파하고 정비사업과 관련된 이익을 조합원들에게 귀속시키기 위한 취지임을 고려하면, 도시정비법 제137조 제6호의 '총회의 의결'은 원칙적으로 사전의결을 의미한다고 보아야 한다.

따라서 조합의 임원이 총회의 사전의결을 거치지 아니한 채 예산으로 정한 사항 외에 조합원의 부담이 될 계약을 체결하였다면 그로써 위 규정에 위반한 범행이 성립되었다 할 것이고, 추후 총회에서 사후 결의가 이루어진다고 해서 그 범행이 소급적으로 불성립하게 된다고 볼 수도 없으므로[172] 총회의 의결 없이 예산으로 정한 사항 외에 조합원의 부담이 될 계약을 임의로 추진한 甲조합의 임원들은 유죄이다.

---

171) 대법원 2010. 6. 24. 선고 2009도14296 판결
172) 서울중앙지방법원 2009. 11. 27. 선고 2009노2861 판결

3. 검토

이상과 같이 도시정비법이 총회 의결사항을 규정하고, 이를 위반 시 처벌하고 있는 이유는 재개발·재건축 사업과 관련한 각종 비리를 예방하고 조합원들의 진정한 의사를 확인하여 그 권익을 보호하려는 것이므로, 도시정비법 제137조 제6호의 '총회의 의결'은 원칙적으로 사전의결을 의미한다고 봄이 타당하다. 설령 조합의 성격상 조합이 추진하는 모든 업무의 구체적 내용을 총회에서 사전에 의결하기 어렵다 하더라도 도시정비법 규정 취지에 비추어 보면 조합원의 부담이 될 계약을 체결하는 경우에는 사전에 총회에서 임원이 추진하려는 계약의 목적과 내용, 그로 인하여 조합원들이 부담하게 될 부담의 정도를 대략적으로 밝히고 그에 관하여 총회의 의결을 얻어야 한다고 볼 것이다.[173]

---

173) 대법원 2010. 6. 24. 선고 2009도14296 판결

도시정비법상 공무원의제 규정과
뇌물죄 성립

1. 관계법령

■ 도시정비법
제134조(벌칙 적용에서 공무원 의제)
추진위원장·조합임원·청산인·전문조합관리인 및 정비사업전문관리업자의 대표자
(법인인 경우에는 임원을 말한다)·직원 및 위탁지원자는 「형법」 제129조부터 제132
조까지의 규정을 적용할 때에는 공무원으로 본다.

■ 형법
제129조(수뢰, 사전수뢰)
① 공무원 또는 중재인이 그 직무에 관하여 뇌물을 수수, 요구 또는 약속한 때에는 5년
   이하의 징역 또는 10년 이하의 자격정지에 처한다.
② 공무원 또는 중재인이 될 자가 그 담당할 직무에 관하여 청탁을 받고 뇌물을 수수,
   요구 또는 약속한 후 공무원 또는 중재인이 된 때에는 3년 이하의 징역 또는 7년 이
   하의 자격정지에 처한다.

제130조(제삼자뇌물제공)

공무원 또는 중재인이 그 직무에 관하여 부정한 청탁을 받고 제3자에게 뇌물을 공여하게 하거나 공여를 요구 또는 약속한 때에는 5년 이하의 징역 또는 10년 이하의 자격정지에 처한다.

제131조(수뢰후부정처사, 사후수뢰)

① 공무원 또는 중재인이 전2조의 죄를 범하여 부정한 행위를 한 때에는 1년 이상의 유기징역에 처한다.

② 공무원 또는 중재인이 그 직무상 부정한 행위를 한 후 뇌물을 수수, 요구 또는 약속하거나 제삼자에게 이를 공여하게 하거나 공여를 요구 또는 약속한 때에도 전항의 형과 같다.

③ 공무원 또는 중재인이었던 자가 그 재직 중에 청탁을 받고 직무상 부정한 행위를 한 후 뇌물을 수수, 요구 또는 약속한 때에는 5년 이하의 징역 또는 10년 이하의 자격정지에 처한다.

④ 전3항의 경우에는 10년 이하의 자격정지를 병과할 수 있다.

제132조(알선수뢰)

공무원이 그 지위를 이용하여 다른 공무원의 직무에 속한 사항의 알선에 관하여 뇌물을 수수, 요구 또는 약속한 때에는 3년 이하의 징역 또는 7년 이하의 자격정지에 처한다.

제133조(뇌물공여등)

① 제129조 내지 제132조에 기재한 뇌물을 약속, 공여 또는 공여의 의사를 표시한 자는 5년 이하의 징역 또는 2천만원 이하의 벌금에 처한다.

② 전항의 행위에 공할 목적으로 제삼자에게 금품을 교부하거나 그 정을 알면서 교부를 받은 자도 전항의 형과 같다.

■ 특정범죄가중처벌등에관한법률

제2조(뇌물죄의 가중처벌)

① 「형법」 제129조·제130조 또는 제132조에 규정된 죄를 범한 사람은 그 수수(收受)·요구 또는 약속한 뇌물의 가액(價額)(이하 이 조에서 "수뢰액"이라 한다)에 따

라 다음 각 호와 같이 가중처벌한다.

  1. 수뢰액이 1억원 이상인 경우에는 무기 또는 10년 이상의 징역에 처한다.

  2. 수뢰액이 5천만원 이상 1억원 미만인 경우에는 7년 이상의 유기징역에 처한다.

  3. 수뢰액이 3천만원 이상 5천만원 미만인 경우에는 5년 이상의 유기징역에 처한다.

②「형법」제129조·제130조 또는 제132조에 규정된 죄를 범한 사람은 그 죄에 대하여 정한 형(제1항의 경우를 포함한다)에 수뢰액의 2배 이상 5배 이하의 벌금을 병과(倂科)한다.

2. 도시정비법상 공무원 의제 조항

뇌물죄는 공무원의 신분을 가진 자만이 저지를 수 있는 신분범죄이다. 그러나 조합의 임원은 도시정비기능을 수행하는 범위 내에서는 공무원에 버금가는 고도의 청렴성과 업무의 불가매수성이 요구되고, 정비사업과 관련된 비리가 다수 조합원들의 재산권에 적지 않은 피해를 주고 사회경제에 미치는 영향 또한 매우 크기 때문에, 도시정비법은 조합 임원들을 공무원으로 간주하여 직무와 관련해 금품 등을 받는 경우 뇌물죄로 처벌할 수 있는 '공무원 의제 조항'을 두었다.[174]

---

174) 법 제134조, 헌재 2011. 10. 25. 2011헌바13 결정

3. 공무원 의제되는 자

도시정비법에서 공무원 의제 규정이 적용되는 자는 추진위원장·조합임원·청산인·전문조합관리인 및 정비사업전문관리업자의 대표자(법인인 경우에는 임원을 말한다)·직원 및 위탁지원자이다.

① 조합임원

도시정비법에서 공무원 의제 규정이 적용되는 자는 조합임원(조합장, 이사, 감사)이다. 따라서 사업시행자가 '시장·군수 또는 토지주택공사 등'인 주거환경개선사업이나 토지등소유자가 시행하는 재개발·재건축사업의 경우 조합을 구성하지 않으므로 그 대표자는 공무원 의제규정에서 제외된다. 이때 정비조합임원의 공무원 의제시기는 조합설립인가 후 그 설립등기를 마친 때이다.[175]

② 추진위원회 위원장

추진위원회 위원장은 2009. 2. 6. 개정법에서 공무원 의제 대상으로 추가되었고, 공무원 의제 시기는 관할 관청으로부터 설립승인을 받은 때이다.

---

175) 대법원 2006. 5. 25. 선고 2006도1146 판결

③ 정비사업전문관리업자의 대표자 · 직원 및 위탁지원자

정비사업전문관리업자의 임 · 직원이 일정한 자본 · 기술인력 등의 기준을 갖추어 시 · 도지사에게 등록한 후에는 추진위원회로부터 정비사업전문관리업자로 선정되기 전이라도 그 직무에 관하여 뇌물을 수수한 때에는 형법 제129조 내지 제132조의 적용대상이 되고, 정비사업전문관리업자가 조합설립추진위원회로부터 정비사업에 관한 업무를 대행할 권한을 위임받은 후에야 비로소 그 임 · 직원이 위 법의 적용대상이 되는 것은 아니다.[176]

④ 청산인 · 전문조합관리인

4. 뇌물죄 주체와 관련한 판례의 태도

도시정비법 제134조에 따른 공무원 의제규정의 적용 대상은 '조합임원'이다. 여기서 '조합임원'이란 도시정비법 제41조에 따른 조합장, 이사, 감사를 말한다. 그런데 임원의 지위를 상실하는 등 적법한 대표권이 없는 자의 경우에도 뇌물죄의 주체가 될 수 있을까? 형벌 법규의 해석은 엄격해야 하고, 유추 해석할 수 없다는 죄형법정주의 원칙을 고려할 때,

---

176) 대법원 2008. 9. 25. 선고 2008도2590 판결

뇌물죄의 주체성을 어디까지 인정해야 할지 문제된다.

(1) 임기만료 등으로 임원의 지위를 상실한 조합임원과 뇌물죄 적용 여부

도시정비법 제134조에 따른 공무원 의제규정의 적용 대상은 '조합임원'이다. 그런데 임기만료 등으로 퇴임하여 임원의 지위를 상실한 자가 임원으로 등기되어 있는 상태에서 새로운 임원이 선출될 때까지 계속하여 직무를 수행하는 경우, 임원의 지위를 상실한 자를 뇌물죄의 주체로 볼 수 있을까?

이에 대해 대법원은 "도시 및 주거환경정비법 제84조[177]의 문언과 취지, 형법상 뇌물죄의 보호법익 등을 고려하면, 정비사업조합의 임원이 정비구역 안에 있는 토지 또는 건축물의 소유권 또는 지상권을 상실함으로써 조합임원의 지위를 상실한 경우나 임기가 만료된 정비사업조합의 임원이 관련 규정에 따라 후임자가 선임될 때까지 계속하여 직무를 수행하다가 후임자가 선임되어 직무수행권을 상실한 경우, 그 조합임원이 그 후에도 조합의 법인 등기부에 임원으로 등기되어 있는 상태에서 계속하여 실질적으로 조합임원으로서의 직무를 수행하여 왔다면 직무수행의 공정과 그에 대한 사회의 신뢰 및 직무행위의 불가매수성은 여전히 보호되어야 한다. 따라서 그 조합임원은 임원의 지위 상실이나 직

---

177) 현행 법 제134조

무수행권의 상실에도 불구하고 도시정비법 제84조에 따라 형법 제129조 내지 제132조의 적용에서 공무원으로 보아야 한다"라고 판시하였다.[178]

따라서 이러한 대법원의 판례에 의하면 도시정비법 제134조에 따라 공무원으로 의제되는 '조합임원'에는 임기만료 등으로 임원의 지위를 상실한 조합임원도 포함된다.

(2) 법원에 의해 직무대행자가 선임된 상태에서 후임 조합장이 총회 결의에 따라 선출되어 직무를 수행한 경우, 후임 조합장의 뇌물죄 적용 여부

법원의 가처분 결정에 의해 조합장의 직무대행자가 선임된 상태에서 피대행자의 후임자가 적법하게 소집된 총회의 결의에 따라 새로 선출되는 경우가 있다.

원칙적으로 법원에 의해 선임된 직무대행자는 별도로 가처분결정이 취소되지 않는 한 총회의 결의에 의하여 당연히 그 권한이 소멸하는 것이 아니므로, 총회에서 후임 조합장이 선출되었다고 하더라도 그 후임자는 선임결의의 적법 여부에 관계없이 대표권을 가지지 못하고, 법원에 의해 선임된 직무대행자만이 적법하게 조합을 대표할 수 있다. 그럼에도 불구하고 대표권 없는 후임자가 직무대행자로부터 조합 사무를 인계받아 실질적으로 조합장 직무를 수행하는 과정에서 뇌물죄 구성요건

---

178) 대법원 2016. 1. 14. 선고 2015도15798 판결

에 해당하는 행위를 하였다면, 조합임원의 직무집행의 공정과 그에 대한 사회의 신뢰를 목적으로 하는 도시정비법 제134조 취지를 고려할 때, 후임 조합장은 뇌물죄의 주체가 될 수 있다.

대법원 역시 "구 도시 및 주거환경정비법(2009. 2. 6. 법률 제9444호로 개정되기 전의 것) 제84조[179]의 문언과 취지를 고려하면, 전임 조합장의 직무대행자가 선임된 상태에서 적법하게 소집된 총회의 결의에 의하여 후임 조합장으로 선임된 자가 직무대행자로부터 조합 사무를 인계받아 실질적으로 조합장 직무를 수행하였다면, 비록 대표권을 가지지 못한다고 하더라도, 형법 제129조 내지 제132조의 적용에 있어서 공무원으로 의제되는 조합의 임원으로 보아야 한다"고 판시하여, 대표권 없는 후임 임원의 뇌물죄 주체성을 긍정하였다.[180]

(3) 조합설립인가처분이 취소되어 임원자격이 상실된 임원에게 형법상 뇌물죄를 적용할 수 있는지 여부

① 법원의 재판에 의하여 추진위원회 구성승인 또는 조합설립인가가 취소된 경우[181]

도시정비법 제38조에 의하면 토지등소유자로 구성되어 정비사업을

---

179) 현행 법 제134조
180) 대법원 2010. 12. 23. 선고 2010도13584 판결
181) 대법원 2014. 5. 22. 선고 2012도7190 전원합의체 판결, 한편 해당 판결은 도시정비법 위반 여부가 문제된 사안으로 조합임원의 뇌물죄 여부가 직접적으로 문제된 것은 아니다.

시행하려는 조합은 관계 법령에서 정한 요건과 절차를 갖추어 조합설립인가처분을 받은 후에 등기함으로써 성립하며, 그때 비로소 관할 행정청의 감독 아래 정비구역 안에서 정비사업을 시행하는 행정주체로서의 지위가 인정된다. 때문에, 토지등소유자로 구성되는 조합이 그 설립과정에서 조합설립인가처분을 받지 아니하였거나 설령 이를 받았다 하더라도 처음부터 조합설립인가처분으로서 효력이 없는 경우에는, 도시정비법 제35조에 의하여 정비사업을 시행할 수 있는 권한을 가지는 행정주체인 공법인으로서의 조합이 성립되었다 할 수 없다.

이러한 도시정비법 규정과 법리에 비추어 보면, 정비사업을 시행하려는 조합이 법원의 재판에 의하여 조합설립인가처분이 무효가 되어 처음부터 도시정비법에서 정한 조합이 성립되었다고 할 수 없는 경우에는, 그 성립되지 아니한 조합의 조합장, 이사 또는 감사로 선임된 자들 역시 도시정비법 위반죄의 주체인 '조합의 임원' 또는 '조합임원'에 해당하지 아니한다.

② 정비구역 직권해제에 따라 추진위원회 구성승인 또는 조합설립인가가 취소된 경우[182]

도시정비법은 토지등소유자 일정 수 이상의 요청하는 경우에는 정비

---

182) 대법원 2016. 6. 10. 선고 2015도576 판결

구역 지정권자가 정비구역을 해제할 수 있고[183] 정비구역이 해제·고시되면 추진위원회 구성승인 또는 조합설립인가 처분이 취소된다.[184] 그렇다면 정비구역이 해제되어 추진위원회 구성승인 내지 조합설립인가가 취소되면 조합임원 역시 도시정비법 제134조에 따른 조합임원이 아닌 것일까?

이에 대하여 대법원은 "정비구역 해제에 따른 추진위원회 승인 또는 조합 설립인가의 취소는 추진위원회 승인이나 조합 설립인가 당시에 위법 또는 부당한 하자가 있음을 이유로 한 것이 아니라 처분 이후 발생한 후발적 사정에 따른 것이므로, 추진위원회 승인 또는 조합 설립인가의 효력을 소급적으로 상실시키는 행정행위의 '취소'가 아니라 적법요건을 구비하여 완전히 효력을 발하고 있는 추진위원회 승인 또는 조합 설립인가의 효력을 장래에 향해 소멸시키는 행정행위의 '철회'라고 보아야 한다"고 판시하였다.

즉 위 대법원 판례에 따르면, 정비구역의 직권해제에 의하여 조합설립인가처분 역시 취소되었다고 하더라도 조합설립인가처분은 처분 당시로 소급하여 효력을 상실하는 것이 아니라 장래를 향해 효력이 상실

---

183) 법 제21조 제1항
184) 법 제21조 제3항

되는 것에 불과하므로, 조합 설립인가처분이 취소되기 전까지 조합은 유효하게 존재하고, 조합설립인가처분이 취소되기 전에 조합임원은 공무원으로 의제되는 조합의 임원에 해당하므로 조합임원이 직무와 관련하여 금품 등을 수수하였다면 뇌물죄가 적용될 수 있다.

5. 뇌물죄와 금전차용의 문제

뇌물죄 사건에서는 수뢰자가 증뢰자에게 돈을 받은 사실이 확인된 경우 수뢰자가 금전 수수 사실은 인정하면서도 뇌물이 아니라 차용한 것이라고 주장하는 경우가 종종 있다. 이 경우 뇌물인지 또는 대여금인지 구분하는 방법은 ① 수뢰자가 증뢰자에게서 돈을 수수한 동기, ② 전달 경위 및 방법, ③ 수뢰자와 증뢰자의 관계, ④ 양자의 직책이나 직업 및 경력, ⑤ 수뢰자의 차용 필요성 및 증뢰자 외의 자에게서 차용 가능성, ⑥ 차용금 액수 및 용처, ⑦ 증뢰자의 경제적 상황 및 증뢰와 관련된 경제적 예상이익 규모, ⑧ 담보제공 여부, ⑨ 변제기 및 이자 약정 여부, ⑩ 수뢰자의 원리금 변제 여부, ⑪ 채무불이행 시 증뢰자의 독촉 및 강제집행 가능성 등 증거에 의하여 나타나는 객관적인 사정을 모두 종합하여 판단하여야 한다.[185]

---

185) 대법원 2011. 11. 10. 선고, 2011도7261 판결

6. 뇌물제공자의 진술만으로 뇌물죄가 성립되기 위한 요건

　금품수수 여부가 쟁점이 된 사건에서 금품수수자로 지목된 피고인이 수수사실을 부인하고 있고 이를 뒷받침할 금융자료 등 객관적 물증이 없는 경우 금품을 제공하였다는 사람의 진술만으로 유죄를 인정하기 위해서는 그 진술이 증거능력이 있어야 하는 것은 물론 합리적인 의심을 배제할 만한 신빙성이 있어야 하고, 신빙성이 있는지 여부를 판단할 때에는 진술 내용 자체의 합리성, 객관적 상당성, 전후의 일관성뿐만 아니라 그의 인간됨, 그 진술로 얻게 되는 이해관계 유무, 특히 그에게 어떤 범죄의 혐의가 있고 그 혐의에 대하여 수사가 개시될 가능성이 있거나 수사가 진행 중인 경우에는 이를 이용한 협박이나 회유 등의 의심이 있어 그 진술의 증거능력이 부정되는 정도에까지 이르지 않는 경우에도 그로 인한 궁박한 처지에서 벗어나려는 노력이 진술에 영향을 미칠 수 있는지 여부 등도 아울러 살펴보아야 한다.[186]

---

186)　대법원 2011. 4. 28. 선고 2010도14487 판결

과다한 용역비 지급과
업무상배임죄의 성립

1. 쟁점

조합은 정비사업이 마무리될 때까지 무수히 많은 용역업체를 선정하고 다양한 방식으로 용역계약을 체결한다. 2018년 개정 도시정비법은 업체선정의 공정성을 담보하기 위하여 조합이 용역업체 선정 시 원칙적으로 일반경쟁입찰을 거치도록 규정하였다. 이러한 이유로 용역비가 적정한 수준을 벗어나 과다하게 책정되는 경우는 흔치 않다. 그러나 조합이 업체를 선정할 때 비용만을 고려하는 것은 아니기 때문에, 다른 업체들에 비해 용역비가 다소 과도함에도 여러 이유에서 특정 업체를 용역업체로 선정하기도 한다. 이 경우 조합원들 입장에서는 조합임원과 해당 용역업체 간의 유착관계를 의심하게 되고, 이런 이유로 조합임원 등이 조합원들로부터 업무상 배임죄로 고소당하는 경우가 생긴다. 그렇다면 조합의 대표가 용역업체와 용역계약을 체결하면서 과다한 용역비를 지급했다면 이는 업무상배임죄가 성립할까?

2. 횡령·배임죄의 성립요건

형법상 횡령죄는 '타인의 재물을 보관하는 자가 그 재물을 횡령하거나 그 반환을 거부한 때'에 성립하고, 배임죄는 '타인의 사무를 처리하는 자가 그 임무에 위배되는 행위로써 재산상의 이익을 취득하거나 제삼자로 하여금 이를 취득하게 하여 본인에게 손해를 가한 때' 성립한다.[187] 그리고 업무상 임무에 위배하여 횡령죄 또는 배임죄를 범하는 경우 업무상 횡령·배임죄로 가중 처벌되고, 범죄행위로 인하여 취득하거나 제3자로 하여금 취득하게 한 재물 또는 재산상 이익의 가액이 5억원 이상이면 특정경제범죄가중처벌등에관한법률 위반으로 가중 처벌된다.[188]

---

187) 형법 제355조
188) 특정경제범죄가중처벌등에관한법률 제3조

3. 관련 사례[189]

재건축사업을 위한 추진위원회가 통상 10억원 내지 15억원에 대행용역계약(이 사건 대행용역계약)을 체결할 수 있었고, 적어도 23억원보다는 훨씬 낮은 금액으로 계약을 체결할 수 있었는데, 이 사건 용역업무와 관련하여 A용역업체와 23억원의 용역비(이 사건 용역비)로 계약을 체결했다는 이유로, 추진위원회 회장 등이 업무상 배임으로 기소된 사안에서, 대법원은 아래와 같이 판단했다.

(1) 기본 법리

회사의 대표이사 등이 임무에 위배하여 회사로 하여금 다른 사업자와 용역계약을 체결하게 하면서 적정한 용역비의 수준을 벗어나 부당하게 과다한 용역비를 정하여 지급하게 하였다면 다른 특별한 사정이 없는 한 통상 그와 같이 지급한 용역비와 적정한 수준의 용역비 사이의 차액 상당의 손해를 회사에 가하였다고 볼 수 있다. 그러므로 조합장이 수의계약 등을 체결하면서 그 임무를 위배하여 조합으로 하여금 특정 업체와 용역계약을 체결하게 하면서 적정한 용역비 수준을 벗어나 부당하게 과다한 용역비를 정하여 지급하게 했다면 다른 특별한 사정이 없는 한 통상 그와 같이 지급한 용역비와 적정한 수준의 용역비 사이의 차액 상

---

189) 대법원 2018. 2. 13. 선고 2017도17627 판결

당의 손해를 조합에 가하였으므로 업무상배임죄가 성립한다.

다만 배임죄가 성립하기 위해서는 해당 용역비가 적정한 수준에 비하여 과다하다는 사실이 전제되어야 하고, 객관적이고 합리적인 평가 방법이나 기준을 통하여 충분히 증명되어야 한다. 단순히 임무위배행위가 없었다면 더 낮은 수준의 용역비로 정할 수도 있었다는 가능성만을 가지고 재산상 손해 발생이 있었다고 쉽사리 단정할 수 없다.

(2) 실제 사건에서의 대법원의 판단

아래와 같은 사정을 앞서 본 법리에 비추어 살펴보면, 이 사건 용역비 23억원이 적정한 용역비 수준에 비하여 과다하게 정해진 것이라고 단정하거나, 나아가 그와 같이 용역비를 정하여 그 일부를 지급함으로써 추진위원회에 재산상 손해가 발생하였다고 평가하기 부족하다. 또한 당시 추진위원회 회장에게 배임죄의 범의, 즉 임무위배행위로 인하여 자기 또는 제3자가 이익을 취득하여 본인에게 손해를 가한다는 인식이나 의사를 가지고 있었다고 보기도 어렵다.

① 이 사건과 같은 대행용역계약에 있어 적정 수수료에 관한 규정이나 지침 등 객관적 기준은 따로 마련되어 있지 않은 것으로 보인다. 한편 추진위원회의 내부 규정 등에 이 사건 대행용역계약과 같은 계약의 용역비를 정함에 있어 어떠한 제한이 있다고 보이지도 않는다.

② 이 사건 용역비 23억원이 실제로 인력 수나 인건비를 주된 기준으로 하여 결정된 것인지 여부가 명확하지 않다. 추진위원회 회장과 A용역업체 측은 이 사건 용역업무는 재건축사업에 대한 전문지식이 부족한 추진위원회를 대신해 초기 사업자금 조달, 인허가 관련 대관업무 등까지 포함한 재건축 사업의 전 과정을 대행하는 것이어서 A용역업체 등의 경험 및 노하우, 인적 네트워크 등이 사업의 성패를 위하여 매우 중요하고, 따라서 그러한 대가가 상당 부분 용역비에 반영된 것이라고 일관되게 주장하고 있다. 따라서 이 사건 용역비가 실질적으로 인력 수나 인건비를 주된 기준으로 하여 결정된 것인지, 무형적 자산의 이용대가를 주된 기준으로 하여 결정된 것인지 등에 관하여 면밀하게 살펴본 다음, 이 사건 용역비가 적정한 수준에 비하여 과다한 것인지 여부를 판단해야 한다.

③ 관련 진술 등만으로 총 사업비의 2~3%를 용역비로 정하는 것이 업계의 통상적인 관행이라거나 적정한 용역비 수준이라고 단정하기 어렵고, 달리 업계의 통상적인 관행이나 적정 수준의 용역비 범위를 확인할 수 있는 객관적이고 합리적인 평가방법이나 기준이 공판절차에서 현출된 바도 없다.

④ 설령 총 사업비의 2~3%를 업계의 통상적인 용역비 수준으로 보더라도, 이 사건 용역업무가 분양 및 임대관리 등 재건축사업의 전 과

정을 대행하는 것으로 사업비의 규모가 크고, 상당한 기간이 소요되는 것인 데다가 사업자금 조달지원 등의 업무까지 포함되어 있는 등의 특성을 고려하면, 23억원의 용역비가 시장의 거래관행에 부합하는 가격범위를 과다하게 넘은 것이라고 쉽게 평가할 수 있는지 의문이다.

4. 검토

용역계약을 체결하면서 부당하게 과다한 용역비가 정해진 것인지 여부는, 적정 용역비에 대한 객관적이고 합리적인 평가 방법이 존재하는지 여부뿐만 아니라 계약된 업무의 내용, 특성과 규모, 소요되는 시간, 용역비가 무형적 자산의 이용대가를 주된 기준으로 결정된 것인지, 업체의 경험 및 노하우·인적 네트워크 등이 용역비에 반영되었을 가능성이 있는지 등을 종합적 고려하여 판단해야 한다. 그리고 이때 손해의 발생이 그와 같이 증명되었다면 손해액이 구체적으로 명백하게 산정되지 아니하였더라도 조합임원의 배임죄가 성립한다고 할 것이나, 그러한 입증이 없다면 쉽사리 범죄의 성립을 단정할 수 없을 것이다.

보류지 처분과 업무상배임죄의 성립

1. 쟁점

보류지처분과 업무상배임죄의 성립에 관한 구체적 사례를 살펴본다.

2. 구체적 사안

(1) 총회, 대의원회를 거치지 아니하고 상근이사와 특수관계에 있는 제3자에게 시가보다 훨씬 낮은 분양가에 보류지를 처분한 행우 업무상배임죄 성립한다고 본 사안[190]

---

190) 대법원 1991. 12. 27. 선고 91도196 판결

주택개량재개발조합 보류건축시설의 처분과 관련하여 조합총회 또는 대의원회의 결의를 거쳐야 한다는 정관의 규정이 존재함에도 총회와 대의원회를 거치지 아니한 채 상근이사와 특수관계에 있는 제3자에게 시가보다 낮은 분양가로 보류지를 처분한 사안에서, 대법원은 "정관의 규정과 서울특별시장의 관리처분계획인가서상에 보류건축시설은 조합에서 임의분양하여 사업경비에 충당하도록 되어 있는 사실 등에 비추어 보면, 보류건축시설은 그 처분의 대상, 절차뿐만 아니라 가격도 조합총회의 결의로써 임의로 정하도록 한 취지라고 보아야 할 것인바, 위 조합의 상근이사가 보류건축시설인 아파트를 위 조합총회 또는 대의원회의 결의를 거치지 아니하고 자신의 계산하에 제3자의 명의로 또는 자신과 특수관계에 있는 제3자에게 시가보다 훨씬 낮은 분양가에 처분한 행위는 상근이사의 업무상 임무에 위배되어 업무상배임죄에 해당한다"고 판시하였다.

(2) 총회 위임을 받아 대의원회에 넘기고 또 대의원회의 위임을 받아 이사회에 넘겨 보류지를 처분하면서, 조합원 분양가로 조합직원에게 매각한 행위가 업무상배임죄에 해당하지 않는다고 본 사안[191]

조합이 2013. 5. 12.경 조합원 정기총회를 개최하여 조합의 보류시설 및 보류지 아파트 매각을 조합 대의원회에 위임하기로 의결하고, 2015.

---

[191] 서울서부지방법원 2018. 3. 29. 선고 2017노1183 판결

1. 23.경 대의원회를 개최하여 보류시설 및 보류지 아파트 매각을 조합 이사회에 재차 위임하기로 의결하였는데, 조합장이 2015. 11. 23.경 조합 사무실에서 이사회를 개최하고 조합의 보류지 아파트를 매각함에 있어서 대부분의 보류지 아파트를 조합원 분양가보다 3,000만원 이상 올려서 매각하기로 결정하면서, 조합 직원인 L에게만 조합원 분양가로 매각하기로 의결하였다.

이 사안에서, 서울서부지방법원은 다음과 같이 판단하였다.

"이 사건 조합의 정관에 의하면 보류시설의 처분은 조합원 총회의 의결을 거치도록 되어 있어 대의원회 및 이사회에 위임되어 이루어진 이사회 의결에 그 법적 효력을 인정할 수 있는지가 문제될 여지가 있으나, 이를 순차 위임하는 총회 결의 및 대의원회 결의가 존재한 이상 피고인들에게 정관에 위배된다는 위법성의 인식이 있었다고 단정하기는 어렵다. 이사회에서 보류시설 아파트를 조합원가 이상으로 매각하기로 하고 그 중 1채는 L에게 조합원 분양가로 분양하기로 결정하였는바, L에 대한 분양가인 조합원 분양가가 조합원가 이상이라는 결정에 반하지 않고, 그와 같은 이유가 L의 조합에의 기여 등과 빠른 매각을 통해 조합의 금융이자를 변제하자는 취지인 점에서 L에 대한 분양가격 결정이 업무상 임무에 위배한 배임행위라거나 피고인들에게 배임의 고의가 있었다고 인정하기 어렵다"

(3) 대의원회가 조합장의 공로에 대한 보상으로 보류지를 무상으로 취득하

게 하는 결정을 한 것이 업무상배임죄에 해당하지 않는다고 본 사안[192]

대법원은 대의원회가 조합장의 공로에 대해 보류지를 무상으로 처분한 사안에서, "정관 규정 등에 의하면 보류시설은 조합의 사업수행과정에서의 예상치 못한 추가수요에 대비하기 위하여 지정하여 두는 것이고, 다만 조합이 그 목적 사업을 대부분 완료한 상태에서 이 사건과 같이 조합장 등이 조합에 기여한 공로를 보상하는 차원에서 다소간의 시세차익을 볼 수 있도록 조합장 등에게 보류시설을 관리처분계획에서 예정한 가격으로 분양하여 준다고 하더라도 그것이 당초 보류시설의 지정 취지에 크게 어긋나는 것이라고 할 것은 아니지만, 그와 같이 공로에 대한 보상을 하는 경우에도 보류시설을 무상으로 취득하도록 하는 것은 조합에 귀속되어야 할 수익을 감소시켜 조합에 손해를 가하는 것으로서 허용될 수 없다고 할 것이다"고 판시하여, 대위원회가 조합장에게 무상으로 보류지를 취득하는 결정을 하더라도 이는 조합원 총회로부터 정당하게 위임받은 권한 내에 있는 것이 아니라고 보았다.

다만 대법원은 위 사안에서, 주택조합의 조합장이 조합장으로서의 공로에 대한 보상으로 보류시설 아파트 2채 중 1채를 무상취득하였으나, 나머지 아파트 1채를 2채의 처분예정가 합계액 이상으로 처분하여 그 대금으로 시공사에 대한 공사대금채무를 변제함으로써 결국 조합에 그

---

192) 대법원 2006. 11. 23. 선고 2006도6053 판결

수익이 귀속되는 등의 사정에 비추어 피고인에게 배임의 범의가 있었다고 볼 수 없다고 하여 업무상배임죄의 성립을 부정하였다.

3. 정리

업무상배임죄는 타인의 사무를 처리하는 자가 배임의 고의로 '임무위배 행위'를 함으로써 성립한다. 여기서 '임무위배 행위'라 함은 처리하는 사무의 내용, 성질 등 구체적 상황에 비추어 법률의 규정, 계약의 내용 혹은 신의칙상 당연히 할 것으로 기대되는 행위를 하지 않거나 당연히 하지 않아야 할 것으로 기대하는 행위를 함으로써 본인과 사이의 신임관계를 저버리는 일체의 행위를 포함한다. 또한 업무상배임죄가 성립하려면 임부위배의 인식과 그로 인하여 자기 또는 제3자가 이익을 취득하고 본인에게 손해를 가한다는 인식, 즉 배임의 고의가 있어야 하는데, 이러한 고의를 인정하기 위해서는 문제된 판단에 이르게 된 경위와 동기, 손실발생의 개연성과 이익획득의 개연성 등 제반 사정에 비추어 자기 또는 제3자가 재산상 이익을 취득한다는 인식과 조합에게 손해를 가한다는 인식하의 의도적 행위임이 인정되는 경우에 한하여야 하고, 그러한 인식이 없는데 단순히 조합에 손해가 발생하였다는 결과만으로 책임을 묻거나 주의의무를 소홀히 한 과실이 있다는 이유로 책임을 물을 수 없다.

따라서 제3자 내지 조합임원에 대한 보류지처분으로 업무상배임죄가 성립하기 위해서는 정관 또는 관련법령에서 정해진 보류지처분에 관한 절차를 준수하였는지 여부, 결과적으로 조합에 손실이 발생하였는지 여부 등을 따져 '임무위배행위'가 존재하는지 살피고, 더 나아가 보류지 처분 제반 사정에 비추어 조합임원이 조합에 손실을 준다는 의도가 있었다고 평가할 수 있는지 종합적으로 검토할 필요성이 있다.

조합임원의 변호사 선임료 지출과
횡령죄 성립 여부

1. 쟁점

조합임원이 조합업무를 수행하면서 형사고소·고발을 당하거나 민사소송을 제기당할 때, 해당 사건이 정비사업과 관련되었다는 이유로 조합비용으로 변호사를 선임할 수 있는지 문제된다.

2. 단체의 대표자 개인이 당사자가 된 소송사건의 변호사 비용을 단체의 비용으로 지출한 경우, 그 비용 지출에 대한 횡령죄 성립 여부의 판단 기준[193]

---

193) 대법원 2006. 10. 26. 선고 2004도6280 판결

원칙적으로 단체의 비용으로 지출할 수 있는 변호사 선임료는 단체 자체가 소송당사자가 된 경우에 한하므로, 단체의 대표자 개인이 당사자가 된 민·형사사건의 변호사 비용은 단체의 비용으로 지출할 수 없다.

다만 예외적으로 분쟁에 대한 실질적인 이해관계는 단체에게 있으나 법적인 이유로 그 대표자의 지위에 있는 개인이 소송 기타 법적 절차의 당사자가 되었다거나 대표자로서 단체를 위해 적법하게 행한 직무행위 또는 대표자의 지위에 있음으로 말미암아 의무적으로 행한 행위 등과 관련하여 분쟁이 발생한 경우와 같이, 당해 법적 분쟁이 단체와 업무적인 관련이 깊고 당시의 제반 사정에 비추어 단체의 이익을 위하여 소송을 수행하거나 고소에 대응하여야 할 특별한 필요성이 있는 경우에 한하여 단체의 비용으로 변호사 선임료를 지출할 수 있다.

1) 원칙 - 조합장 개인이 소송당사자가 된 민·형사사건의 변호사 비용을 조합의 비용으로 지출한 경우, 횡령죄 성립

앞서 살펴본 바와 같이, 원칙적으로 단체의 대표자 개인이 당사자가 된 민·형사 사건의 변호사 비용은 단체의 비용으로 지출할 수 없다. 구체적으로 법원은, ① 재건축조합장이 개인 명의의 손해배상청구소송을 위하여 변호사를 선임하고 그 선임료를 조합의 비용으로 지출한 행위가 업무상횡령죄에 해당한다고 보았고,[194] ② 조합장이 조합의 업무수행 중

---

194) 대법원 2006. 10. 26. 선고 2004도6280 판결

공갈로 고소되자 조합비용으로 변호사를 선임한 사안에서, 이러한 비용 지출은 재건축조합의 업무라고 볼 수 없다고 보아 업무상횡령죄에 해당한다고 판시하였다.[195]

2) 예외 - 실질적 이해관계가 단체에 있는 경우 조합임원은 조합비용으로 변호사 선임료를 지출 가능

예외적으로 법적 분쟁이 단체와 업무적인 관련이 깊고 당시의 제반 사정에 비추어 단체의 이익을 위하여 소송을 수행하거나 고소에 대응하여야 할 특별한 필요성이 있는 경우라면 조합비용으로 변호사 선임료를 지출할 수 있다.

구체적인 사례로, 대법원은 법인의 대표자가 직무집행정지가처분 신청을 받은 사건에서 소송비용을 법인 경비로 지급하더라도 업무상횡령죄가 성립하지 않는다고 보았다. 즉 법인의 이사를 상대로 한 이사직무집행정지가처분 신청이 받아들여질 경우, 당해 법인의 업무를 수행하는 이사의 직무집행이 정지당함으로써 사실상 법인의 업무수행에 지장을 받게 될 것이 명백하므로, 해당 법인으로서는 가처분신청에 대항하여 다툴 필요가 있기 때문에 법인의 대표자가 법인 경비에서 가처분사건의 소송비용을 지급하는 것은 법인의 업무수행을 위하여 필요한 비용을 지

---

195) 대전지방법원 2019. 10. 11. 선고 2018노3317 판결

급하는 것에 해당하는 것이다.[196)

3. 조합장이 조합 자금으로 조합장 개인의 형사사건의 변호사 비용을 지출함에 있어 이사 및 대의원회의 승인을 받은 것이 횡령죄 성립에 영향을 주는지 여부

조합장이 조합장 개인을 위한 형사사건의 변호사 선임료를 조합 비용으로 지출하면서 이사회 및 대의원회의 승인을 받았다 하여도 이러한 승인은 내재적 한계를 벗어나는 것으로서 아무런 효력이 없다. 따라서 조합장은 조합의 업무 집행과 무관한 개인의 형사사건을 위하여 변호사 선임료를 지출하면 횡령죄가 성립한다.[197)

---

196) 대법원 2010. 6. 24. 선고 2010도4512 판결
197) 대법원 2006. 10. 26. 선고 2004도6280 판결

재개발
재건축
조합운영과
조합임원

ⓒ 문선희, 이동철, 2022

개정판 1쇄 발행 2022년 7월 20일
　　　　 2쇄 발행 2022년 10월 21일

지은이　　문선희, 이동철
펴낸이　　이기봉
편집　　　좋은땅 편집팀
펴낸곳　　도서출판 좋은땅
주소　　　서울특별시 마포구 양화로12길 26 지월드빌딩 (서교동 395-7)
전화　　　02)374-8616~7
팩스　　　02)374-8614
이메일　　gworldbook@naver.com
홈페이지　www.g-world.co.kr

ISBN　 979-11-388-1132-3 (03320)